聆聽與表達

心靈溝通的雙↔向之道

諸富祥彥——著
明治大學教授

書坊

前言

愈來愈多人放棄了與他人建立深刻的心靈連結（親密關係）。

「反正他不會理解我的。」

「他根本不聽我說話。」

無論是夫妻、情侶、朋友，還是親子關係，甚至是職場同事，許多人就在這樣的想法中關閉了自己的心門。

但是，他們心底其實還是渴望著——

「我希望你能更理解我。」

「希望你能更認真聽我說。」

然而這樣的需求往往無法得到滿足，導致心中的情緒愈積愈多，終究爆發。

「為什麼你就是不聽我說話！」

「你根本就不了解我！」

他們在盛怒之下，親手破壞了與對方的關係。即使內心驚訝：「我在做什麼？這下不妙了吧？」卻不知道該如何挽回，只能眼睜睜看著時間一分一秒過去，最終演變成無法挽回的局面。

嘗試再次靠近對方，但是因恐懼再次遭到拒絕，內心將會受傷，甚至可能心碎到無法復原，於是選擇放棄主動修復這段心靈連結，親手斷絕了所有重建的可能性。

隨著這樣的情況在不同人際關係中不斷重演，某天，人們突然停下腳步，開始重新思考：

「我無法與任何人深交，所有的關係都只停留在表面，沒有一個人真正和我心靈相通。日子就這樣一天天過去……感覺人生好空虛，這樣下去真的好嗎？這是我想要的人生嗎？」

「不行，我怎麼變得這麼孤單？我已經完全被孤立了。」

有這種感受的人，絕對不在少數。你，或是你身邊的許多人，可能都曾有過相同的體會。

有些人覺得自己心中像是有什麼重要的東西缺失了，渴望改變人生，因此選擇尋求諮商協助。

在這個充滿變動與不確定性的現代社會中，**人們對「與某個人建立深刻心靈連結」的渴望日益強烈**。孤單面對這樣的世界，實在讓人感到不安。

「我不想再一個人了，我不想再孤獨下去！」這樣的想法驅使一些人選擇結婚。

然而，婚姻或家庭的建立，並不代表孤獨會隨之消失。

事實上有些人在結婚後，反而更加深刻地感受到孤獨。

單身時，因為是一個人，對他人沒有太多期待；結婚之後，反而更在意彼此之間缺乏的心靈連結。

正是因為結了婚，有了形式上的伴侶，才會對那份心靈連結的缺失感到更加糾結不安。

「我沒有一個能真正與我心靈相通的人。」

「沒有人理解我，也沒有人真正聽我說話。」

本書正是**為那些感到「缺乏心靈連結」的人，提供具體的應對方法**。

無論是**想要「更加深入地交集」、「更好地被傾聽」還是「被理解」，本書都提供了實際可行的對策**。

同時，它也為那些希望成為**「更善於傾聽、更能理解他人」的人，提供了提升傾聽技巧的具體方法**。

關於「傾聽技巧」或「專注傾聽」，已有許多書籍問世。

這些書籍大多強調「傾聽的一方」應具備適宜的技巧與能力。

然而，無論「傾聽的一方」多麼有技巧或熟練，如果「說話的一方」或「希望被傾聽的一方」完全沒有傾訴的意願，那麼結果也不會理想。

「聽與被聽」、「理解與被理解」的關係，本質上是由雙方共同建立的。

正如現代諮商之父卡爾・羅傑斯（一九〇二～一九八七，美國臨床心理學家）所說的：「同理性的理解，是由兩個人共同創造的過程。」

無論是傾聽、諮商還是輔導，這些都是「雙方共同建立的過程」。

不管是夫妻、戀人、朋友、親子，還是職場同事間的互動，所有的人際關係都是「雙方共同創造的過程」，依靠雙方的努力與技巧逐步形成。

羅傑斯在他的著作《結婚革命—パートナーになること（婚姻革命，暫譯）》中，具體描繪了夫妻如何透過相互傾聽和交流，共同建立「真正的理解」。這個過程的核心方法，**就是傾聽——進入對方的內心，從對方的視角看待事物，仿佛成為對方般感同身受地去感受其想法**

與情感。

因此，本書不僅探討「傾聽者的技巧」，還將探討「希望被理解的人」、「希望被傾聽的人」應該掌握的「讓自己被理解的技巧」與「讓自己被傾聽的技巧」。

本書共分為3個部分。

第1部分，介紹**「傾聽技巧」與「傾訴技巧」的基礎與中級內容**，詳細說明了「傾聽者的基本原則」與「傾訴者的基本原則」，並以淺顯易懂的方式呈現。

第2部分，探討夫妻、親子、戀人、朋友、職場上下級與同事、師生等多種關係中的「不順利情況」，並提供**具體的改善策略**、**實用技巧與建議**。

第3部分的「進階篇」所涵蓋的技巧，是專業的諮商師、教練或心理學家閱讀後，也能獲得許多新的啟發。

最後，我將在最終章探討「傾聽」的深層意涵。

對於已經有一定傾聽、諮商或教練學習經驗的讀者，想必本書的內容也能為你帶來不少啟示。

當今社會中的人際關係充滿流動性與不穩定性。若想在這樣的環境中，與他人維持「深刻的心靈連結」，本書介紹的技巧必定能夠幫助到你。

無論是夫妻、朋友、戀人、親子之間的相處，還是職場上下級、同事間的互動，甚至是學校師生的關係，任何希望改善這些關係的人，都能輕鬆理解並應用本書的內容。本書**用最淺顯易懂的方式，將「專業諮商師的最高水準傾聽技巧」詳盡地呈現出來**。

我們誠摯地邀請你運用本書中介紹的「傾聽技巧」以及「傾訴技巧」，親身體驗「更深層的心靈交流」，進而擁有更充實的人生。

諸富祥彥

第1部分 傾聽技巧與傾訴技巧的核心原則

第1章 傾聽技巧【初級篇】

第2章　傾訴技巧【初級篇】

第3章 傾聽技巧【中級篇】

第4章　傾訴技巧【中級篇】

第2部分 破壞與修復重要關係的對話 實踐篇

第3部分

進階篇　掌握「真正的傾聽技巧」

最終章　更進一步理解傾聽

第1部分

傾聽技巧與傾訴技巧的核心原則

第1章　傾聽技巧【初級篇】

當提到「傾聽技巧」，有些人可能會聯想到非常複雜的技巧。然而即便學會了複雜的技巧，多數情況下也不會順利奏效。

其實真正應該掌握的，是最簡單的核心原則。

當你傾聽伴侶的心聲、孩子的心情，或是朋友的故事時，首先要記住的，就是如下這些非常簡單的原則。

傾聽者的核心原則1

「只聽不回應」，不做任何詮釋

非常單純。

「傾聽後不做回應。」

「不要多說任何話，維持沉默。」

就這樣。

你可能會想：「這是為什麼？」

但事實上，這是多數沒有接受專業訓練的人，甚至專業的諮商師，能夠確保安全、不傷害對方的傾聽核心原則。

「傾聽後不做回應。」

「不要多說任何話，維持沉默。」

這是一個至關重要的**「傾聽核心原則」**，沒有什麼比這更關鍵了。

例如，這個原則常見於一些自助團體（Self-Help Groups），如酒精依存者的戒酒會等。自助團體是一些擁有共同煩惱、或是曾經抱有如此煩惱的人們，為了互相幫助而自行組成的小團體（除了戒酒會，還有藥物治療會、憂鬱症關懷互助團體等）。

我就主持了一個學校老師們互助會（因為是專業的心理學家主持，所以與自助團體略有不同）。

這些團體的核心原則之一，就是在聽完別人的故事後，保持沉默、不做回應。成員們會互相分享自己的困境與感受，其他成員則會用心傾聽，並避免發表任何評論。

你可能覺得這樣的「聽完就保持沉默」很冷漠，但這其實是最安全的方式。

因為若在某個成員分享自己的感受後，有人開始對其分享發表意見，講話的人往往會覺得自己被誤解、沒有被理解，甚至感到受傷。

因此，「不要多說任何話」、「傾聽後不做回應」非常重要，這個核心原則就是為了避免傷害對方。

有些人可能會覺得，聽完後一定要給點評論，才能算是表現出關心。如果評論非常中肯，也許值得一試，但這其實是很困難的。多數時候，你的評論反而會讓對方覺得你沒理解他，感到失望。

傾聽後一定要給出什麼反饋嗎？

並不是如此。

不需要多說什麼，只要點頭表示你在聽就好了，這樣就夠了。

傾聽者的核心原則2

不說「不過……」、「雖然你這麼說……」

這與原則1相同，十分重要。

對方特意向你傾訴，特意讓你聽他的故事，這時最重要的是，保持聽完後的沉默，並讓對方的話語就這樣結束。

不對對方的話語進行批評或否定。

因為只有在對方感受到「不會被批評」和「不會被否定」的安全感時，他才能夠自由地表達自己的感受。

或許有人會覺得這不難吧，但事實上並非如此。

當有人跟你分享重要的事時，你會感覺到，不僅要聽，還必須回應些什麼。

特別是當「傾聽者」比「傾訴者」地位高時，這種情況更常見。

我作為學校的輔導員時，常會看到學生向老師傾訴的場景。而其中，常會發生以下情況：

國二學生：「老師，我在學校被欺負，上學對我來說很痛苦。」

老師：「是嗎？一定很辛苦吧。」

學生的訴說持續了大約十幾分鐘。

而老師似乎再也無法忍住自己的教師本能——

老師：「不過啊，小聰，可能你本身也有一些問題吧……」

學生表情一沉，低頭走出教室。

老師與學生之間的對話，經常會變成這樣的局面。

在企業中，上司與下屬的對話，也時常會發生類似的情況。

現在，企業裡面，愈來愈多的上司被要求仔細傾聽下屬的心聲，「一對一會議」這個形式已經在很多企業中逐漸推廣開來。

上司認真聆聽下屬的問題，這本身是非常值得讚揚的。

下屬：「最近，某某事情進展不順。」

與其責罵下屬「怎麼會這樣」，上司可以選擇這樣問：

「是嗎，某某事情進展不順，真令人困擾呢。在你看來，你認為問題出在哪裡呢？」

這是個不錯的開啟問話的方式，能讓下屬感受到沒有被孤立。

然而，有些上司可能在聽了不到十分鐘後，突然轉變態度。

上司：「不過啊……這可能是你的想法太天真了吧。你應該不太適合這份工作！」

即便一開始是以傾聽為目的的會議，最終卻淪為指導、評價或責罵。

這種情況，家庭中也時常發生。

小二的兒子一邊哭一邊說：「媽媽，我被隔壁的孩子取笑，真的不想去學校了！」

母親：「居然發生這樣的事，很難過吧？你真是堅強，忍耐了那麼久。」

不說「不過……」、「雖然你這麼說……」

NG
你也可以
向人家
反擊呀！
不過啊……
雖然
你這麼說，
媽媽
聽我說～
我又被欺負了！
你忍耐
一下吧。

只有當人們感受到「不會被否定」的安全感時，才能夠自在地表達自己的感受。

這樣的對話沒錯，但如果同樣的對話重複三天，母親很快就會失去耐心。

兒子哭訴：「媽媽，我又被欺負了！我真的不想去學校了！」

母親生氣地說：「你怎麼還在哭！雖然你這麼說，難道不能反擊一下嗎？」

兒子大哭：「我做不到啊～」

最近，企業愈來愈強調「心理安全感」的重要性。

所謂的心理安全感，是指在組織內部能夠安心表達自己的意見和情感。如果在表達不同意見時無法被接受，或是無法感受到心理上的安全感，那麼理所當然的，在工作中也無法發揮最大的潛力。

這種「心理安全感」不僅在學校或企業中至關重要，在家庭中同樣是不可或缺的。

在父母和孩子之間、在夫妻之間，若存在心理安全感，即便是感到尷尬或不好意思的事情，也能夠無所顧忌地談論，不會受到批評，能夠耐心地被傾聽。

這樣的氛圍，在家庭中尤其重要。

傾聽者的核心原則3　不提供個人建議

這也是個看似簡單，實則困難的原則。

這和前文所述例子中，老師、上司、母親說出「不過……」、「雖然……」、「就算你這麼說……」等話的原因幾乎相同。

「只是聽對方說話，感覺自己好像沒做什麼事。」

「聽完對方說完就結束了……這樣總覺得沒什麼幫助。」

許多老師、上司或父母，因為無法從「只是聽別人說話」中得到滿足感，而忍不住給予建議，彷彿只有這樣才能有所貢獻。

這不僅僅是為了滿足自己，也是真的出於「為對方好」的考量。

然而，**對於說話的一方來說，這樣的建議在許多時候，只不過是多此一舉。**

他們可能會覺得

「自己被否定了。」

「自己現在這樣是不行的。」

「如果不照著這些建議去做，就不夠好。」

換句話說，原本這樣的對話結局理應是傾訴一方感到被理解和接納，但實際上，卻只感覺到被否定、被告知這樣還不夠好。

如此一來，還浪費了這段傾訴的時間。

無論是職場上司、學校老師、父母，甚至一些（較為傳統的）丈夫，都有一個常見的問題：他們往往覺得，**若不給予建議，就像是「沒有履行自己的責任」，或無法得到「幫助他人」的成就感**。

其實，給予建議的人並無惡意，他們是真心為了對方著想。然而，這樣的建議卻常常讓對方感到，自己當下的狀態不夠好、不足以被接受。

從結果來看，給予建議的人只是為了滿足自己的成就感，最終淪為一種自我滿足的行為。

傾聽者的核心原則4
簡單的「原來如此」、「真的很不容易呢」就足夠

讀到這裡，你可能已經稍微理解了「只要傾聽就好」的意思了。

也許你會想：「真的可以什麼都不說嗎？」或者「至少說點什麼吧，不然感覺怪怪的。」這樣的想法很正常，因為聽完對方的話後什麼都不說，確實會有點不自然。

然而，若表現得過於熱心，對方可能會因此感到壓力，覺得自己必須接受建議並做出改變。因此，避免過度積極介入是關鍵。

那麼，該怎麼說比較好呢？

其實只需要一句簡單的話就夠了。

「……原來是這樣。」

「這真的是很不容易呢。」

當對方訴說他的痛苦時，可以回應：

「這樣啊……這一定很難受吧。」

用一句簡單的話來回應對方的情緒，就已經足夠。這樣的回應，可能會讓對方進一步敞開心扉，繼續分享他更深的故事。

例如，妻子可能會跟丈夫說出她在職場或娘家經歷的辛苦，甚至是童年時被父母冷落的痛苦經歷。

說出這樣的話需要極大的勇氣與決心，也必須**對傾聽的一方有足夠的信任，才能相信對方會接納自己，進而放心地分享這些重要的事。**

只需簡單地在對方向你傾訴重要之事時，回應：**「謝謝你願意告訴我這些重要的事……一定很不容易吧。」**

不需要多說，將這一句話，**低沉地、緩緩地、發自內心地說出，就足夠了。**

用低沉的聲音，慢慢地，讓對方感受到你的真誠：**「謝謝你願意告訴我這些重要的事……我能感受到你長期以來的辛苦。」**

僅僅這一句話，已足夠讓對方感到滿足。

他會想——

「有人願意聽我說話！」

「有人能理解這些對我來說很重要的事！」

傾聽者的核心原則5 不說多餘的話

其實對於傾訴的一方來說，只要有人願意聽他說話就已經足夠了。

不滿足的往往是傾聽的一方，總會覺得如果只是聽而不回饋，就像少了些什麼，而忍不住說出「多餘的話」。

「是不是……這樣呢？」

「我覺得應該是……吧。」

這樣一來，就會讓傾訴者認為，傾聽者內心其實並非完全贊同自己的想法，而因此感到失望。

當然，並不是說完全不能給予任何建議。但事實上，大多數建議在9成以上的情況下，其實並沒有什麼幫助。

對傾訴者而言，這些建議只會讓他們心裡留下「原來你是這樣想的」的印象，或讓對方看穿「你只是想表達點什麼而已」的心態。

如果真的非得給些建議的話，請記住：

①這只是你個人的想法

②要具體說明

③簡短扼要，輕描淡寫

簡單地提出自己的建議，然後馬上回到傾聽對方的狀態。

並且，千萬不要有——「我這麼一說就能解決對方的問題」或者「對方願意跟我說重要的事，我得給出專業的分析」這樣的想法。

最重要的是不要過於積極、不要太貪心。留些餘韻，簡單結束對話。

大多數的人並非專業的心理諮商師，不要試圖一下子就達到讓對方覺得充分被理解的專業等級溝通。

人們總是有說出多餘話的衝動，因此，**察覺並反省自己的這份衝動很重要**。

在充份傾聽後，說一句關懷的話，其實就已經足夠了。

或許你會覺得這誰都可以做到，但實際上，這並不容易。

試著做做看，你會發現自己總會忍不住想說出多餘的話。

我有許多夫妻倆都是專業心理諮商師的朋友，即使是這樣的專業人士，還是常常忍不住說出多餘的話，從而刺激了對方。

往往造成對方的怒氣被點燃——

「你到底懂什麼！」

維持夫妻關係不容易，一旦給出建議，對方很可能覺得「這個人想在我面前擺架子」。同樣的情況也可能發生在朋友之間。**即使我們是出於善意做出某些事，對方也可能覺得這只是多餘的干擾，而最典型的便是「建議」。**

傾聽者的核心原則6

若在傾聽中途感到煩躁，應當選擇中止傾聽

這是非常重要的一件事，也是這本書最核心的觀念之一。

假設有一天，你的伴侶、孩子或朋友對你說：「我有件事情想跟你聊聊。」你便開始專心傾聽。

然而，隨著對方的話語展開，心裡可能會不自覺地浮現一些負面的情緒，像是：「這人怎麼這麼自私呢？」或者「這種想法也太自我中心了吧。」

如果只是這些負面想法一閃而過，你或許還能選擇不去理會，繼續專注聽下去。真正的問題在於，當這股煩躁感不斷在心裡累積，甚至開始影響你的情緒時。

大多數人這時會告訴自己：「雖然有些煩躁，但我還是應該繼續聽下去吧。」而有時候，隨著對話的進行，這種煩躁感可能會逐漸消退。

然而，關鍵就在於：如果**這股煩躁超過5分鐘還未消失**，這時如何應對就變得格外重要！

當你發現自己心裡想著：「我真的無法再繼續下去了！」這時可以假裝收到了緊急訊息、LINE，或者突然想起一件重要的事情，藉此脫身。你可以說：**「啊！我突然想起今天還**

當內心感到煩躁時，應當停止傾聽，離開現場

如果不能用「有急事」之類的藉口逃離，可以試試「突然肚子痛」。

有件重要的事要處理。」、「不好意思，改天再聊吧。」等方式，適時結束對話。

然而若是夫妻，生活在同一個空間，這樣的情境可能較難避免。

這時，不妨以**「突然感覺肚子痛」**來做為理由暫時中斷。

最重要的是，**在不責怪對方的情況下，停止傾聽，然後迅速離開現場**。

無論是**到外面透透氣，還是進廁所避一避**，重點是要**「與對方保持物理上的距離」**。

為什麼要這樣做呢？

因為當你內心的負面情緒與煩躁感逐漸加劇時，若還強迫自己繼續聽下去，最終很可能會無法抑制情緒而爆發。

最初你或許是抱著「想幫助對方」的心情開始傾聽，然而內心卻充滿了煩躁與不耐。

長此以往，最終可能會控制不住情緒，說出像「你真的太自私了吧！」或「抱歉，我真的聽不下去了，這樣不對！你應該……」這樣的話。

這種情況一旦發生，關係就可能急轉直下，甚至造成數年、數十年，乃至一輩子的裂痕。

在親子對話中也經常會出現這種情況。

孩子一開始只是想傾訴心情，而父母本意是想了解孩子的感受，但隨著對話進行，父母心中的煩躁感愈來愈強烈，最終忍不住脫口而出——

「從頭到尾就是你的不對啊！」

以這樣的指責來否定對方。

被這樣指責的孩子，可能會想：「果然媽媽從來不懂我。」於是，今後無論發生什麼事，他都不再願意和母親分享，甚至往後多年，親子之間不再有像樣的對話。

請牢記一件事——

那些讓你臨終時感到後悔、一輩子難以彌補的親子或夫妻關係破裂，往往源自煩躁時脫口而出的那句否定對方的話。

這些話並非出於惡意。

「聽聽這孩子想說什麼。」

「聽老婆想說什麼。」

你原本是懷著善意、想傾聽對方的話，**卻在傾聽的過程中遭遇了意想不到的煩躁感，最終失控，說出了暴戾的話語，而這一刻可能導致最糟糕的後果：破壞了一生的關係。**

那麼，我們該怎麼做呢？

傾聽者的核心原則7

若感到內心煩躁，應當離開現場

當你在聽對方說話時，感覺到內心浮現煩躁，最好找個不會傷害對方的理由來結束這場對話，並設法讓自己和對方保持物理上的距離。

可以出門在外待上2個小時，或者暫時躲到廁所裡。

傾聽者的核心原則8

暫時（大約2小時左右）離場，等心情平復後再回來繼續傾聽

這就是我要強調的重點。只要你能記住這一點，閱讀這本書就算有了價值。

那些會在臨終時讓你後悔一輩子的關係破裂，比如親子或夫妻間的關係，許多都是因為你在煩躁時沒有及時離開而惡化的。

「如果我能更理解那個人……」

「如果我能更理解我的孩子……」

這些人生中的重大遺憾，其實只要遵守一個原則就能避免——

若感到內心煩躁，就離開現場。

靠意志力是無法解決問題的。大多數人只要待在對方身邊，就無法控制自己對對方的批評或煩躁情緒。

因此，保持物理上的距離是關鍵。出去走走，離開對方1個小時或2個小時，這是避免導致人生重大遺憾的唯一方法。

別以為自己可以憑藉意志力控制情緒，那樣的人往往無法壓抑自己的憤怒，將煩躁情緒發洩在對方身上。而這一點，通常只有當事人自己沒察覺。

但如果你真的無法抽出1個小時，該怎麼辦呢？

能夠平靜內心煩躁的腹部呼吸法

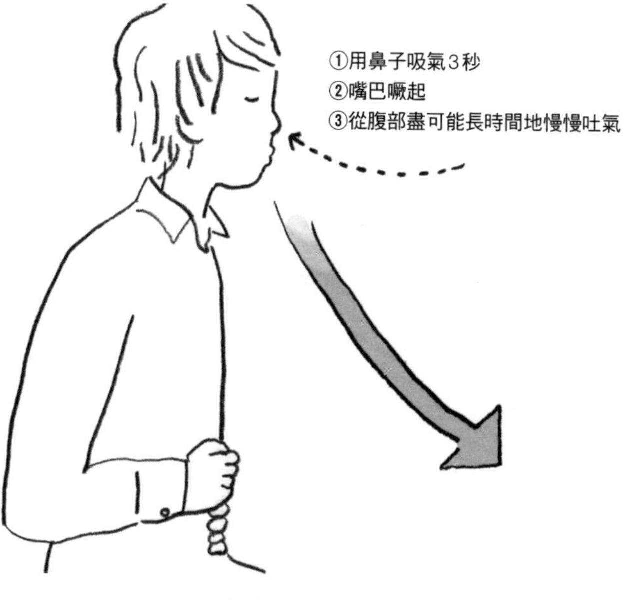
①用鼻子吸氣3秒
②嘴巴噘起
③從腹部盡可能長時間地慢慢吐氣

這時你可以去廁所，用以下的深呼吸方法來平靜自己，這只需要3分鐘。

①用鼻子吸氣3秒

②嘴巴噘起

③用腹部的力量，盡可能長時間地慢慢吐氣

此呼吸法的重點是「用腹部長時間吐氣」，盡你所能地吐氣，這能讓情緒平靜下來。

另外一個**能快速平復情緒的方法是使用香氛**。氣味可以直接影響我們的情緒，帶來平靜。無論是哪種香味，只要是你喜歡的，能讓你想聞的，就是最好的選擇。

借助香氛的力量，能夠在短時間內平復自己的心情。

傾聽者的核心原則9

先保持自己內心的平靜，再進行傾聽

當你傾聽對方說話時，在內心感到煩躁前會先出現一種「預感」，可以說是身體感知到的「違和感」，或是隱約浮現的不適感。如果在這種狀態下繼續傾聽，往往不會有好結果，最終很可能會忍不住脫口而出：「但是呢……」或「不過啊……」等帶有否定意味的話語。

因此，在傾聽之前，最好先調整自己的情緒。

這並不意味著需要強行讓自己變得積極，只是保持一種像輕度冥想般的、放空的心態才是最理想的。一切順其自然，接受當下。

以這樣的心態進入對話時，即使對方說出令人驚訝的內容，你也不會太過驚慌，可以心平氣和地接納，回應：「是嗎？原來如此。」進而冷靜地聽下去了。

第2章　傾訴技巧【初級篇】

在第1章中，我談到的是作為「傾聽者」、「理解的一方」所需的原則。

然而，若要建立彼此理解的關係，「傾訴者」或「希望被理解的一方」也需要付出努力。

常聽到有人抱怨：「我的上司不理解我。」「我的丈夫根本不聽我說話。」其實，這些抱怨的人之中，有相當多人並未能做出**讓對方理解自己，或吸引對方傾聽的努力**。

換句話說，當我們抱怨對方無法理解自己，或認為對方不懂得體會他人的感受時，實際上往往是因為我們未能投入足夠的努力去讓對方理解，或欠缺吸引對方傾聽的技巧。

那麼，作為一個希望被理解或希望被傾聽的人，應該做出什麼樣的努力呢？

傾訴者的核心原則1

「我有件事想跟你聊聊，想聽聽你的看法。」

這正是——鼓起勇氣說出：**「我有件事想跟你聊聊，想聽聽你的看法。」**

看似簡單的一句話，你可能會覺得「就這樣而已？」沒錯，雖然聽起來簡單，但實際說出口卻需要極大的勇氣。

為什麼這麼平凡的一句話，卻如此難以啟齒呢？

原因在於，這句話需要我們突破「內心的防線」。當下的自己，或許正被各種情緒束縛，無法輕易開口。

那些難以說出「我有件事想跟你聊聊，想聽聽你的看法。」的人，往往是長期壓抑情感、不善於表達內心的人。

他們一直渴望自己的伴侶或朋友能理解自己，但過去在嘗試表達自己時，卻感到對方並未用心傾聽，或者對方的回應讓自己感到失望，可能只是一句輕描淡寫的：「就這樣啊？」

當他們鼓起勇氣分享內心時，卻因對方一句「這是你的錯吧？」而深受傷害，於是選擇不再表達自己的感受，漸漸封閉內心，最終變成——

「我不需要被理解，我可以承受。」

「即使沒有人理解我，我也沒問題。」

這些人建立了「心防」，藉由逞強來支撐自己。所以，對於這樣的人來說，說出「我有事想跟你聊聊」這句話，不僅是表達情感，更像是一次內心的重生。

透過「我不需要被理解」的心態來保護自己
↓轉變為「我希望被理解」的沒有防備狀態

如果想改變自己，就必須讓自己處在沒有防備的狀態。

「我有件事想跟你聊聊，想聽聽你的看法。」這句話，**便是在彼此之間建立「互相理解」關係的第一步**。可以說，**一切都從這裡開始**。

這需要一點勇氣，去挑戰自己，

試著說出心裡真正的想法需要勇氣。此外，需要特別注意的是，應避免使用這樣的表達方式：

×「我想跟你說。」

因為當你說：「我想跟你說。」時，對方可能會感到緊張，擔心你是否要抱怨或提出指責。

例如，在夫妻之間：

丈夫說：「我想跟你說。」→妻子心想：「他是不是要說我花太多錢了？」

妻子說：「我想跟你說。」→丈夫心想：「她是不是懷疑我出軌了？」

像這樣，因為猜測而開始防備。

但若是說：「我有件事想跟你聊聊，想聽聽你的看法。」對方會較自然地接受。

「哦，只是要我傾聽而已（應該不是來攻擊我）。」

「哦，她是希望我能理解她（那我就試著理解吧）。」

簡單的用詞差異，能讓兩人的關係產生巨大的不同。

傾訴者的核心原則2

預先詢問對方方便傾聽的時間

這是一個非常實際的做法。

「什麼時候方便？」

事先詢問合宜的時間，讓**傾聽的一方可以選擇並回覆自己情緒上「合適傾聽」的時間和地點**。

後面會提到，專業的心理諮詢中，這種「時間與空間的安排」具有極其重要的意義。當事人能夠放心說出「只會在那裡說的話」，正是因為他們知道自己只會在「那個時間和地點」見到諮商師。

要讓對方「認真傾聽重要的話題」，就需要設定這樣的「時間與空間」。

「什麼時候方便？」

「今天晚上7點可以。」

透過這樣的約定，就建立了一個「時間和空間的框架」，在日常生活中，安排一段「有些特別的時光」。

傾訴者的核心原則3

不要突然進行關鍵或重要的話題

如果你希望有人傾聽你的話、能夠被他人理解，請記住這個重要的原則。這往往是夫妻、親子、情侶，甚至職場關係中出現溝通不順的原因之一。

例如，當先生一邊看電視上的體育比賽，一邊喝著啤酒，太太突然走過來說話——

太太：「今天我和幾位媽媽朋友發生了一些事，結果被排擠了，心裡真的很難過。」

然而，此時的先生完全沉浸在比賽中。

先生：「哦，這樣喔……啊啊啊！快衝！」

太太：「喂！你有在聽我說話嗎？」

這樣的情境是不是讓人感到熟悉？

有一點需要大家明白：

這世界上有兩種人——
可以同時兼顧兩件事的人，和一次只能做一件事的人。

有一種說法認為，多數男性一次只能專注於一件事，而女性則較能同時處理多項事務，這一點我自己也有所體會。然而，這只是大略的分類，並非絕對，不能以偏概全；有些女性也同樣一次只能專注於一件事。

當一個人專心於某件事情時，其他的事情往往會被完全忽略。

要讓對方真心傾聽我們的話，需要對方有「傾聽的準備」以及專注的時間。

突然開口要求對方傾聽，往往難以奏效。

傾訴者的核心原則4

當一個只能專注做一件事的人全神貫注於某件事時，不要談論重要的話題

當一個只能專注在一件事上的人，正沉浸在某件事時，若突然對他們提起重要的話題，並期望他們理解，是一件不可能的事，對方甚至會覺得簡直是在強人所難。

如果我們有重要的話題想討論，或希望對方能夠「理解並傾聽」，就不應該一開始就直接切入主題。

首先可以說：「我有件事想跟你聊聊。」

接著再問：「什麼時候方便呢？」

務必從「定下時間和場合」開始，切勿忘記這一點。

傾訴者的核心原則5
能被傾聽就已經足夠，不要一開始就要求「真正被理解」

這點也很重要。

假設一對情侶原本計劃繼續定居在東京，但某天，其中一方的父母突然提出要求，希望男方回到家鄉協助家業。得知此事後，女方可能會開始擔心：「遠距離戀愛會順利嗎？」

「乾脆跟他回老家吧，或許這樣能讓結婚的計劃更進一步。」

「可是我的工作呢？好不容易拿到資格找到這份工作，在他家鄉可不好找類似的職缺啊。」

「不過，這麼合得來的人，也許這輩子再也遇不到了……」

這樣的念頭可能會反覆在她腦中徘徊。

如果男方突然拋出「我要回老家」的消息，並期待女方能在當下就立即決定跟隨，幾乎是不可能的。

在這種情況下，男方向女友訴說後，若能得到一句：「嗯，我知道了……」的回應，其實就已經足夠了。

至於不得已選擇回鄉的原因，或是在做這個決定時的猶豫與掙扎，也不必奢望對方能夠在一開始就完全理解。

當我們真心分享了一件重要的事情，自然會想知道對方的看法。這種想追問對方想法的心情是完全可以理解的。

然而，愈是重要的話題，對方愈需要時間去消化。

一句**「嗯，我知道了」**其實已經足夠，**不必再追問「你真的懂我的意思嗎？」**真正的理解往往需要時間和多次的交流來累積，才能逐漸深入。

傾訴者的核心原則6
要明白「即使不說旁人也能理解」是不可能的事

這是一個基本的核心原則，甚至可以說是一切的前提。

有些人總抱著「就算不說，對方也應該了解我」的想法，認為：「我們都結婚這麼多年了，應該……」「我們是家人／情侶，應該……」「不多說也該懂吧」。

然而，「不說也能被理解」基本上是不可能的。若真有哪次能讓對方在無言中就讀懂，那簡直可以稱作是奇蹟。

事實上，**愈是共同生活的伴侶，愈需要把想法說出來，才能真正傳達心意。**

為什麼會這樣呢？

因為大多數人光是應付自己的需求就已經分身乏術。尤其當兩人長期共同生活，對方逐漸成為日常生活中的一部分，自然只在「真正需要」時才會關注彼此的心情。

這聽起來或許有些令人失落，但這正是生活的真實樣貌，也是最自然的相處之道。

因為，**長時間一起生活的夫妻或親子，若時時刻刻都在揣測對方的想法，反而會讓自己變得壓抑**。

如果對對方的理解抱持過高的期望，反而會讓彼此感到更加不自在。心理愈健康的人，愈難長時間承受這種壓力，因為**「過度期望他人理解自己」本質上是一種不健康的心態**。

要真正理解一個人，確實不容易。

即便是我們這些以理解他人情緒為職業的諮商師或心理專家，對家人的感受也未必能完全掌握。每個人都有自己的生活、工作，以及疲憊感。一家人都身心俱疲時，若突然被要求：「聽我說……」確實會感到有些困擾。

要理解一個人，就需要騰出內心的空間。只有在做好心理準備的情況下，我們才能真正聆聽他人的傾訴。

但即便如此，想要在一次談話中完全、充分理解依然不可能。必須透過多次的溝通和交流，才能逐漸深入理解對方。

即使是專業的諮商師，也無法僅憑一次對話就完全理解對方，更何況是普通人，怎能指望在簡單的對話中就讀懂一切？

然而，許多人卻會認為：**「我已經用我的方式暗示過了，你應該要懂！」**進而責怪對方。這種想法其實非常不切實際。對方也有自己的生活，在忙碌的生活中要敏銳地捕捉到那些微小的暗示，確實是過高的要求。

「相互理解」是一種雙方共同創造的關係，而不是靠一方極高的洞察力或付出來實現的。想被理解的一方，應該先說：「我有件事想跟你聊聊，想聽聽你的看法。」並設定好時間和空間。

若對方願意傾聽，先以此為滿足。不要一開始就抱著過多的期待，這就是「建立相互理解」的第一步。

第3章　傾聽技巧【中級篇】

讓我們回到「傾聽的一方」，接下來介紹中級篇的傾聽技巧。

其實，若已經掌握初級技巧，進入中級階段就不會太難。

就像學習任何技能，最具挑戰性的階段往往是從「零基礎」到「初級」的突破。建立「彼此理解的關係」便是如此，需要耐心來奠定穩固的基礎。

當有話想傾訴的一方說：「我有些事想跟你聊聊」，並預先安排合適的時間和場所時，傾聽的一方只需要專注於「傾聽」，而不是急於給予建議或教訓。

即使對方的話聽來有些不合理，也不要立即反駁或表現出不耐煩，而應該先聽完整段話，並適時表示理解：「嗯，這樣很不容易啊。」「聽起來真的很辛苦。」

若是能做到這一步，便已經解決了大部分的溝通問題。

然而，在達成初步溝通後，常常會讓人產生疑問：「接下來該怎麼做？」而表達的一方，往往也會有「希望能再多傾訴一些」或「希望能再多被理解一些」的渴望。

因此，在這裡我們將進入中級階段的學習。

在場的讀者中，有些人或許參加過傾聽或諮商課程，而這正是課程最初會教授的內容。這部分建議一氣呵成的去實踐。

傾聽者的核心原則10

用低沉大聲不急躁的聲音附和

這是一件非常重要的事，卻往往難以做到。

當一方在說話，另一方在傾聽時，通常是說話者的聲音清晰有力，而傾聽者的回應聲音則往往較微弱且模糊不清。

即使傾聽者在努力聆聽對方說話，如果回應僅是輕聲低語的「嗯嗯……嗯嗯……」這類模糊的聲音，說話的一方往往會因此感受不到回應的真實反饋，也無法從中獲得被接納的安心感。

在這種情況下，即便有心傾聽，若回應不夠明確清晰，實在可惜。

因此，建議傾聽者稍微提高音量，用更清晰的語氣來回應，例如說「嗯嗯，我了解了……」讓說話者能真切地感受到傾聽者的存在。

另外，聲音的高低和速度也同樣重要。

說話的一方通常會急於表達更多內容，因此語速偏快，聲音也會稍微偏高。

此時，**傾聽的一方可以有意識地使用「略低沉、放慢且適度增強的聲音」來回應，並且在點頭時，速度可以比說話者稍慢且幅度稍大，這樣能更有效地讓對方感受到被認真傾聽。**

有些人在練習傾聽時，傾向於以「輕鬆」或「放鬆」的方式進行，這樣的意圖可以理解。然而，對說話者而言，這樣的「輕鬆」回應容易讓他們感到「不足夠」，懷疑自己是否真正被重視。

因為傾訴者非常敏感於傾聽者是否真的接收到他們的話，若對方表現得過於放鬆，傾訴者可能會懷疑：「對方真的有在聽嗎？」

因此，傾聽者需要做得稍微誇張、不自然一些才更合適，尤其是談論重要內容時尤為重要。

特別是在談及內心深處的煩惱或無法對他人透露的重大困擾時，傾訴者會格外敏感。此時，傾聽者應該不吝於「放大自己的表達」，即使覺得有些過於做作也無妨。可以**更加緩慢且鄭重地點頭，用略低沉、放慢且增強的聲音回應「啊，原來如此！」「了解！」**

這些，就是傾聽重要話題時的「基本功」。

傾聽者的核心原則11

將視線輕放在對方臉部周圍，偶爾正視對方的眼睛

在傾聽時，有些人會不知道該注視對方哪個部位。

若太過專注盯著對方眼睛，可能會讓對方感到有壓力；若是完全不看對方的臉，又可能會被認為沒有用心傾聽……究竟該怎麼做才好呢？

當我在諮商等場合中傾聽重要內容時，會選擇**輕輕注視對方臉部周圍，偶爾與對方對上視線**。

美國的諮商教科書上建議，諮商時應有「眼對眼的接觸」，也就是穩定地對視。然而，這樣的方式對性格含蓄的人來說，可能會帶來過多的壓力。

雖說如此，如果在談話的關鍵時刻沒有對上視線，也可能讓人感覺沒有受到足夠的重視。

因此，輕輕注視對方的臉部周圍，並在重要時刻對上視線，似乎是較為適中的方式。

我曾與一位稍有社交恐懼傾向的諮商師交流過。他提到，自己通常會注視對方的領結處或女性的頸部位置。我認為，如果從頭到尾僅僅如此注視對方，可能會讓傾訴者感覺到回應不足。如果能在關鍵時刻與傾訴者對視，會讓交流變得更加有效。

另外，**在戀愛中，如果想表達好感，可以注視對方的額頭位置**，這樣眼神自然上移，不僅能顯得更加自信，還能更具說服力。

這些視線的運用方式，其實也是一門技巧。

傾聽者的核心原則12
配合傾訴者，決定與對方坐的距離與角度

這點同樣非常重要。

根據不同對象，對方希望的「距離」和「角度」也會有所不同。此外，傾聽的次數及雙方的關係也會有所影響。

初次見面時，可以坐在對方的正面，並稍微靠近一些；隨著時間推移，逐漸略微偏斜，保持約30度的角度，這樣能讓對方感覺更為舒適。

隨著彼此熟悉，可以逐漸拉遠距離（起初較近，隨後漸遠），有助於對方放鬆，更自在地面對自己的內在想法。

當然，話題的內容、雙方關係、性別或年齡差異等因素也會有所影響。畢竟，**沒有一個角度或距離能適用於所有人。**

此時，**我會稍微移動自己的椅子**，為對方營造一個氛圍，讓他們也可以自在地調整位置。

這樣一來，**傾訴者會覺得自己可以放鬆地談話，也可以自由調整最舒適的距離和角度。**

有些人（特別是認真、嚴謹的人）可能會認為，在諮商中必須坐在固定位置，保持既定的距離與角度，甚至不應移動椅子。

其實並非如此。應傳達給對方，在諮商中可以自在地移動椅子，找到最適合傾訴的位置，並放鬆地進行對話。

傾聽者的核心原則13
起初以微前傾的姿勢傾聽，然後逐漸放鬆

傾聽時的姿勢也十分重要。

如果傾聽者的姿勢過於端正，可能會營造出緊張的氛圍，這種無形的壓迫感容易傳遞給傾訴者，讓對方也不自覺地感到僵硬與緊繃。

然而，若一開始就過於放鬆，也可能會讓對方產生「是不是沒在認真聽……」的疑慮。

一開始可以微微向前傾，帶點專注的姿態傾聽；隨著對話進行，逐漸放鬆，稍微向後靠

至椅背。這樣的姿勢轉換，能配合傾訴者內心意識的變化。

當傾訴者處於「希望被理解」的心態時，**傾聽者可以稍微前傾，表現出「準備好接收」的積極姿態。**

而當對話進展大半，傾訴者進入「是啊，我那時候……」或「未來該怎麼繼續呢……？」等回憶過往或思考未來的狀態時，情緒通常已經趨於放鬆。此時，傾訴者對被理解的需求逐漸減弱，對話更像是雙方在共同探索未來的方向。因此，傾聽者的姿勢也應隨之放鬆下來，以更自然的方式進行互動。

當**傾訴者處在希望被理解的狀態**之下，會正對著傾聽者說話，此時**傾聽者應保持目光接觸，並微微前傾以示專注。**

而當傾訴者轉向**回憶過去或探索未來的狀態時，則可避免直接目光接觸，與傾聽者一起望向同一方向，營造出一種同理的氛圍。**傾聽者以望向遠處、放鬆的傾聽姿態，能讓傾訴者更輕鬆地進行自我探索。

傾聽者的核心原則14
簡短確認自己接收到的訊息

傾訴者在表達時，可能會不確定對方是否真的理解自己。因此，當他們的**話語告一段落時，傾聽者適時確認自己所理解的內容是十分重要的**。

例如，可以回應：「原來如此。您一直很喜歡這份工作，但做了十多年後，已經是職場中的元老，可能會擔心有些人覺得您怎麼還在同一個地方，這讓您開始考慮換個環境，是這個意思嗎？」這樣在談話段落間適時確認理解的內容，能讓傾訴者感到被理解與接納。

然而，這種確認方式在夫妻或朋友間的對話中可能顯得過於正式。這時可以稍微放輕鬆一些，例如說：「你還是喜歡工作本身，只是職場氣氛變了，讓你感覺自己像是被當成元老，有點不自在，所以才會想換個環境？」用這樣簡單自然的回應來偶爾確認對方說的內容即可。

重點是不要讓確認變得冗長，儘量簡短一些。像上例中，可以簡單一句「所以您有想換工作的念頭了」即可。避免過於冗長，讓氣氛變得生硬。

傾訴者出於「希望被理解」的心理，往往會有很多話想說，如果傾聽者的確認過於長篇，可能**會讓傾訴者必須暫停話語去等候，導致心思被打斷**，甚至忘了原本想說什麼。

我從未見過總結冗長的人成為優秀的諮商師或傾聽者。因此，盡量以簡短的確認來進行回應。

傾聽者的核心原則15
慢慢重複對方包含情緒的字詞

這也是在傾聽或諮商基礎課程中，最初會學到的一項基本技術，在諮商領域被稱為**「情緒反映」**或**「反饋」**。

如前所述，長篇大論地總結對方的談話內容，不僅會打斷對方的表達，還可能讓對方覺得沒有被理解。

那麼，該怎麼做呢？

傾聽者可以重複對方話語中表達情緒的關鍵詞。

傾聽者的一句——「原來如此……你感到已經無法再承受了……」

僅此一句就夠了。

對傾訴者而言，聽到自己最真實的情感被對方重述，會覺得「我的情感被理解了」、「我的感受傳達到了」。

然而，其中困難之處在於，辨別出對方話語中最能表達情感的部分。

舉例來說，對方最想表達的感受是：一直是一個人孤獨地努力著；但傾聽者卻回應：「成為頂尖讓你很開心吧」，這樣就偏離了傾訴者的原意，會讓對方產生自己的重點與情感不被理解的感受。

這種「偏差」如果反覆出現，會讓對方開始覺得無法與傾聽者順暢溝通。因此，識別出哪句話才是對方最投入感情的表達語句很重要，要掌握這個技巧是需要一些練習的。

傾聽者的核心原則16

不從自己在意的部分提問，而是從對方在意的部分開始

在傾聽他人訴說時，經常會出現想提問卻又擔心中途打斷對方可能干擾談話的猶豫。

當然，提問是可以的，但有一個條件——**這個問題不應該只是為了滿足自己的興趣**。如果出於自己的好奇心去提問，往往會讓對方喪失表達的意願。

例如，當有人向你分享「最近覺得工作很有趣」時，一個恰當的回應會是：「哪方面讓你

覺得有趣呢？」或「最近有什麼事情讓你享受到工作的樂趣呢？」

這類問題的目的在於更深入地理解對方的感受。沿著對方的話題發問，讓對方感到受到重視，也更樂於繼續分享。

美國知名精神科醫師歐文・亞隆（一九三一年〜）曾說過：「提問不應從自己的關注點出發，而應站在對方的立場，透過對方的『心靈之窗』來看待對方的世界。」也就是說，試著從對方關注的事物來理解他，根據對方的觀點、看待事物的方式來理解他如何與這個世界和人生互動。

此外，也可以提出適當的提問，來幫助自己更好地掌握對方的想法和感受。

在傾聽時，有時會發生無法掌握對方談話脈絡的情況。畢竟對方不是專業的講者，在敘述上有點模糊也是正常的。

比如，對方提到的男性，是指他的弟弟還是丈夫，可能會讓人疑惑。這時候可以詢問：

「剛才提到的那位，是指您的弟弟還是先生呢？」

如果在不明白對方敘述內容的情況下選擇忽視，並假裝理解，這種態度很快就會被對方察覺。讓他們因此覺得自己沒有被認真傾聽，從而失去這段交流時光的意義。

所以我要在此介紹另一個核心原則——

傾聽者的核心原則17

不忽視自己不理解的部分

這點也非常重要。

然後，在對方的傾訴告一段落，你可以這麼對對方說——

傾聽者的核心原則18

「謝謝你告訴我這麼重要的事情。」「聽了你的話，我感到胸口一陣緊縮。」

當然，不一定要按照這些範例的措辭。聽完對方的分享後，只要誠實地表達自己內心的真實感受即可。

例如像是：「你的這段話真的讓我深有感觸」或「聽完你的分享，我開闊了新的視野」……這類回應也是不錯的選擇。

當對方感到「這個人跟我有共鳴，他能理解我」時，就會覺得方才的分享是值得的。因此，傾聽者適時表達自己真誠的反應很重要。

然而，如果在聆聽後直接進行解釋或總結，例如：「這就是○○的意思吧」，可能會讓對方感到被小覷，或者覺得你並未真正用心傾聽。

例如，像「你與你父親的關係是不是你心理陰影的成因呢？」這類心理分析，也容易讓人感到受挫。

因此，**應避免在此加入個人的分析或解釋。最好的方式是簡短地傳達自己聽完後的感受。**

有時，我們可能會遇到一些覺得自己形單影隻的人，他們認為：「一直以來都是我獨自努力」、「我總是孤單一人」、「從來沒有人能真正理解我」。在這種情況下，可以如實回應自己傾聽後的內心感受，給予真誠的共鳴與支持。

「原來如此，你一直都靠自己堅持下來，這麼久以來卻沒有人真正理解你的心情。聽到這些，我也感到一陣心疼。」

「至少在你與我分享的這段時間裡，可以讓我與你共同承擔這份痛苦。」

透過像這樣的方式，將自己在傾聽過程中產生的真實感受傳達給對方。長久以來一直都是孤軍奮鬥的這個人，相信你、願意向你袒露心聲。因此，應該好好表達對這份信任的回應。

如果傾聽者僅僅以公式化的言詞回應，坦白心聲的傾訴者可能會再度陷入自己還是孤單一人的想法，因而更堅信自己的心情終究沒人理解，當初根本不該開口，甚至最終可能再也不願敞開心扉。

所以，當有人敞開心扉與我們傾訴時，我們應當誠實地表達自己的感受，這樣才能不辜負對方的信任和那份勇氣。

此外，對於訴說者來說，也有需要注意的事項，那就是傾訴時應談論「自己的事情」。

傾訴者的核心原則7

不要只談論一般或普遍發生的事情，而是談「自己的事情」

「今天看了一部電影，內容是……」「朋友○○最近啊……」「最近的政治實在是……」

有些人會聊起最近看的電影、共同的朋友或當前的熱門話題，這類瑣碎的內容確實常見於家人或朋友間的日常對話。同樣地，分享最近讀過的好書或介紹有趣的作品，也屬於這類話題。

然而，如果你是特意說：「我有件事想聊聊」，並請對方空出時間傾聽，那麼，對方可能會更希望直接聽到「你自己的故事」。對傾聽者來說，想聽的是傾訴者的心聲。

談論自身的想法或感受確實需要一些勇氣，但此時，應當試著打開心扉，鼓起勇氣向對方傾訴：「其實我是這麼想的……」分享你的真心。

傾訴者的核心原則8

不要講意見或推測，而是講「自己的感受」

有部分的人，即使開始談論自己的事，也只會一味的表達自己的「意見」或「推論」，而非真正說出自己的「感受」。

「最近的學校教育真的很奇怪，因為……」

「我們部長根本不適合當管理職，原因是……」

這類人傾向於以「批評」或「意見」的形式表達內心的想法。

當談話內容以個人意見為主時，傾聽者往往會不自覺地認為需要對這些意見表態，進而展開討論甚至辯論。

「真的是這樣嗎？我倒覺得現在的學校和老師都很努力，和以前相比已經進步很多了。」

「但那位部長還是有一些成績的，不能完全說他不適合吧。」

在這種情況下，討論很容易演變成雙方彼此反駁的爭論。如果這種對話模式持續，最先開口的一方可能會開始覺得「這個人根本不了解我的感受。」最終選擇結束對話。

最重要的是，當我們說出「我有件事想跟你聊聊，想聽聽你的看法」時，內心真正渴望的或許並不是對方單純認同自己的意見或推論，而是希望對方能理解自己的「感受」。然而，如果不坦率地表達，這些感受往往難以被準確地傳遞和理解。

因此，當你希望有人傾聽你的訴說時，不妨先問問自己：真正想表達的內容是什麼？

舉例來說，認為「最近的學校教育很奇怪」的背後，可能隱藏著這樣的感受：「在開家長會時，自己無法融入其他家長的圈子，感到被孤立和沮喪，甚至覺得自己作為父母被老師否定。」

又或者，對部長提出批評的真正原因，可能是：「自己在工作上的努力沒有被認可，在職場中感到格格不入，甚至覺得每天上班都很沉重。」

在這種情況下，我們很容易選擇以「批評學校教育」或「批評部長」的方式來表達內心情感。而這容易造成傾聽者誤以為，自己需要參與討論或提出不同意見，從而忽略了你真正需要被理解的感受。

其實，**如果傾訴者能以真誠的語言直接表達自己的感受，這些情緒將更容易被對方接收到。而對於傾聽者而言，也能更清楚地理解傾訴者的情緒，進而更自然地給予適當的回應。**

「最近參加孩子的家長會，結果發現自己根本融不進家長的群體，感覺自己很孤單，不知道該怎麼辦。」

「和老師交流時，對方幾乎沒有稱讚我的孩子，這讓我覺得自己作為家長被否定了，心裡有些難受。」

「部長似乎不太認可我的能力，這讓我在公司裡感到很不自在，甚至每天上班都覺得很疲憊。」

這樣坦誠地說出自己的「感受」，不僅能讓對方更容易理解，傾聽者也能更自然地接收這些情緒，雙方的交流就會更加順暢。

當然，每個人表達意見的背後，或多或少都有「情感」的成分。一部份男性可能會不願意坦承自己的內心情感，覺得「說自己的感受？那不是很害羞嗎？我做不到。」

但如果只是用意見或批評來掩飾自己內心的情感，卻又希望對方能讀懂隱藏在背後的情緒，其實是一種過度的期待。對傾聽者而言，「解讀言辭背後的情感」並非易事。

因此，鼓起一點勇氣，直接表達那些讓你感到快樂、難過或孤單的「真實感受」，反而能更容易讓對方理解，也能更有效地傳遞出你的心聲。

傾訴者的核心原則9 先說出感受，再說明情況

例如，希望在夫妻或親子之間建立起彼此理解的關係，那麼作為表達的一方，也需要學習讓對方容易理解的表達方式。

有些人可能會認為自己很笨拙，無法掌握表達方式。但其實不用擔心，讓人容易理解的表達方式並不需要條理分明或辭藻華麗。**關鍵在於能夠直接坦率地說出自己的感受，像是「我覺得好難過。」「我其實很寂寞。」**避免將情感包裹在意見、批評或爭論之中。

表達時，應先說出自己的感受，再補充描述相關情境。對於傾聽者來說，理解「開心的

故事」與「難過的感受」需要截然不同的心理準備。如果一開始就用冗長的描述講述背景，傾聽者反而會感到困惑，不知道該用什麼態度來接收。

「最近我遇到了一些讓人覺得難過的事情，你可以聽我說說嗎？」

「前幾天發生了一件讓我特別開心的事，你聽我講講！」

像這樣先表達感受，能讓傾聽者更快地調整心態，更輕鬆投入對話。

傾訴者的核心原則10

理解並配合傾聽者努力去理解自己

要建立「彼此理解的關係」，雙方都需要共同付出努力。

無論是傾聽者還是傾訴者，若要維持這種關係，都需持續用心經營。而傾訴者為了讓對方清楚了解自己的感受與想法所做的努力，正是整個溝通過程的核心所在。

當你在對話中察覺對方可能誤解了某些內容，或未能真正明白你的意思時，許多人可能會因對方的用心傾聽而猶豫，認為直接糾正似乎有失禮貌。然而，如果這些誤解沒有及時澄清，往往會讓你逐漸感到被錯誤理解，甚至影響整體的溝通效果。

因此，當你發現對方未能抓住重點或存在誤解時，應適時調整對話方向。

例如當對方將你話中的弟弟誤解為父親，應當清楚糾正：「剛剛說的不是父親的事，而是關於弟弟的。」或是「嗯，與其說是『痛苦』，不如說是『感到難過』更貼切一些。」

透過這樣的方式修正彼此的理解，才能讓對話繼續朝正確方向發展。雙方需要攜手努力，建立一個「能理解」與「被理解」的關係。

對傾聽者而言，專注傾聽需要時間與耐心。無論是15分鐘還是30分鐘，理解他人心情的過程本身都需要專注與毅力。尤其當對話內容較為複雜或難以理解時，更需要額外的努力。

對方願意傾聽並為了理解你而投入精力，這本身是一種珍貴的付出。因此，對於對方的耐心與努力，應當表達你的感激之情。

傾訴者的核心原則11

感謝對方：「謝謝你願意試著理解我。」

當對方傾聽了你的敘述後，不妨向對方表達以下具體的感謝之意：

「謝謝你願意試著理解我。」

「謝謝你耐心聽完我這些不太清楚的表達。」

「謝謝你與我一同感受我的情緒。」

這些感謝的話語若能作為談話的結尾，往往能讓傾聽的一方感到這段時間很值得。對方也可能回應：**「不，應該是我要謝謝你，願意與我分享這麼重要的事！」**

畢竟，「傾聽」需要投入大量的心力與精力，切勿抱持「對方理所當然應該聽我說」的傲慢態度。

專欄1

關於傾聽的常見誤解

在此，我將分析傾聽過程中常見的誤解，並透過幾個話題讓大家更深入理解這些現象。

誤解①
× 積極讚美或肯定，找到對方的優點來鼓勵

從一九九〇年代起，正向思考（Positive Thinking）逐漸盛行，至今已近30年。

在「積極思考是好，消極負面是不好」這種氛圍濃厚的時代，許多負面情緒無處可去，反而容易讓人內心變得扭曲或壓抑。

然而，傾聽的本質並不是一味地讚美對方或給予正向的肯定。

當有人情緒崩潰地說：「我不行了！再也撐不下去了！」時，傾聽並非要立即安慰說：「不是這樣的！你一定可以的！」

相對的應對方式，應該是以共情的角度回應：「是這樣啊……感覺真的撐不住了嗎……一定很辛苦吧……」

如此一來，能讓對方的負面情緒被接納，並找到一個宣洩的空間。

同樣地，當對方說：「我覺得自己完全沒有任何優點，全都是缺點……」時，並非急著否定對方的感受，比如說——

×「怎麼會呢？你明明有很多優點啊！」

而是採取接納的方式回應——

○「是嗎……你覺得自己一點優點都沒有，只有缺點……真的這麼覺得啊……」

這樣的回應，能讓對方感受到自己的情緒被理解，而不是被輕易反駁或忽視。

傾聽的核心在於，為對方的「負面情緒」提供一個接納的空間。

事實上，許多人因無法表達「負面情緒」或被迫壓抑而感到內心煎熬。

真正的傾聽是允許這些情緒以其原貌存在，而非急於否定或壓制。當負面情緒被接納後，人們往往能逐漸調整心態，重新找到面對生活的力量與方向。

誤解②
× 一味地附和「我懂」、「對啊對啊」

「這裡的人真的太糟了！」

「對啊，真的很糟，我完全懂你的感受！」

有些人認為這種順著對方情緒說「我懂、我認同」的行為就是共情，但其實**這只是「認同」，而非真正的「共情」。「共情」不要求彼此擁有相同的感受或經歷，反而強調的是尊重雙方之間的「不同」。**

「認同」建立在「我也有一樣的感受」的基礎上，而「共情」則是基於雙方情感的差異，試圖深入理解對方的內在世界，設身處地體會對方的立場。

真正的共情，不是談論「我也……」這樣的自身感受，而是專注於對方的情緒與處境，進一步理解對方的內心世界。

誤解③ ╳ 只是重複對方的話語

這是一種對諮商僅有表面理解的人容易犯的錯誤。

當有人說：「我覺得好痛苦啊。」

如果只簡單地回應：「你感覺非常痛苦，是嗎？」這樣的回答並不是有效的傾聽，反而更像是應聲蟲。

在對話中，若對方一再被這種「你感覺怎樣怎樣，是嗎？」的回應應付，不僅會感到不耐煩，甚至可能覺得自己像是在與機器對話。更糟糕的是，這種機械式的回應可能會讓人感到被輕視或嘲笑，進一步引發不滿情緒。在實際的諮商過程中，這種方式並不可取。

人本心理學家卡爾．羅傑斯認為，傾聽的重點並不在於「重複對方的話」，而是**抓住對方言語中尚未具體表達的核心意涵，並以「你的意思是……嗎？」的方式進行確認**。這種深入且有針對性的回應，才是真正的傾聽。

接下來要探討的內容，同樣是拘泥於形式產生的誤解，也反映出一種常見的溝通偏差。

誤解④

×總是以「你現在是○○的心情對吧？」回應

如果總是像套公式般地逐一確認：「你現在是○○的心情對吧？」這樣的對話往往會讓人覺得自己並不是在與一個活生生的人交流。

真正有效的傾聽，應該是設法抓住對方話語中的核心意涵，並以自己的方式確認和回應。這是一種深入理解的行為，而非僅僅機械式地重複對方的話語。

例如，當有人說：**「現在待在這個職場真的好累，但我又下不了決心辭職……」**時，適合的回應可能是：**「雖然你還未決定辭職，但繼續留在這裡對你來說真的很辛苦……」**

又或是，當有人說：**「我怎麼也沒想到，會被那麼信任的人背叛……」**時，可以回應：**「完全沒想到這樣的事會發生，真的感到難以接受吧……」**

這樣的回應方式，不僅能展現對對方情感的理解，也能讓對話更加自然且具有溫度。

誤解⑤
× 企圖猜測對方的感受

有些諮商師認為必須完全準確地理解對方的情感，但這其實是一種誤解。如果一味期待對方回應「對，就是這樣！」「太準確了！」「你怎麼知道的？」這樣的傾聽方式，並不能稱作真正的傾聽。

傾聽的本質在於，雙方透過細膩的對話，一起努力建立起相互理解的關係。

在傾聽過程中，若出現無法理解對方意思的時候，可以採取詢問的方式，例如：「你的意思是○○嗎？」這樣的提問，能幫助雙方共同尋找更貼合的表達。

誤解⑥ ×以「你是○○的意思吧？」擅自將對方的話「簡化」

這是在學習傾聽技巧初期時常見的誤解之一。

舉例來說，當傾訴者表達了約5分鐘的內容後，有些傾聽者可能會嘗試用1分鐘左右的話，將對方的話「濃縮總結」成：「你是○○的意思吧？」

然而，真正擅長傾聽的人，很少採用這種做法。

在被「總結」的過程中，傾訴者往往被迫暫停自己的情感流動，等待傾聽者完成總結。**這樣的行為會中斷傾訴者的「內在過程」（即情感的自然流動），使其不得不調整自己的節奏來配合傾聽者。**

更糟的是，在等待的過程中，傾訴者可能逐漸失去對自己情緒的掌握。可能會開始疑惑「咦？我剛剛到底說了什麼？」「我的感受是什麼來著？」這樣的情況並不罕見。

因此，傾聽者應避免以「總結」的方式來處理對話，而是用簡短而恰當的方式確認對方的核心內容即可，既能保持對方情感流動的連續性，也能讓對話自然且真誠地進行下去。

誤解⑦ ✕ 針對像是「悲傷」、「憤怒」等涉及情緒的部分來回應

在學習傾聽技巧時，通常會教導我們要專注於對方的「情感」，而非僅僅聚焦在對方的話語內容或事實，並將這些情感透過語言回應。

這樣的做法本身沒有錯，但若過於機械化地執行，可能會適得其反。如果對話中不斷聽到類似的回應，如：「你是不是很生氣？」「你感到悲傷嗎？」「你很開心，對吧？」

可能讓對方覺得自己的感受被硬套進某種情感的框架之中。甚至，會讓對方開始質疑自己的情緒，懷疑起自己真的在生氣或是悲傷。這種中斷感不僅會削弱表達的流暢性，還可能讓傾訴者失去繼續對話的意願。

在實際的諮商過程中，諮商師**很少直接挑出像「憤怒」或「悲傷」這類明確的情感來回應**。反之，他們更注重捕捉那些模糊的、尚未具體化的「感受意涵」，或試圖理解對方「想要表達的核心」。透過適當的語言回應，諮商師能更深入對方的內在感受產生共鳴，進一步促進對話的流動與理解。

專欄2

良好傾聽的3個條件

那麼，該如何適當回應傾訴者呢？接下來，讓我們來談談良好傾聽的條件。

良好傾聽的條件①

○成為對方心靈的鏡子

抓住對方話語中表達的核心意涵，並如同鏡子般將其反映出來。

這種反映並非單純重述對方的內容或情感，而是專注於：

- **話語中所表達的核心意涵**
- **你所感知到的意義**（felt meaning）

良好傾聽的條件②

○用「關鍵詞」來表現對方想表達的話語，反映出其中的精髓

關鍵在於，「共同尋找最恰當的表達方式」。

例如，在諮商過程中，有位諮詢者說：「我總覺得害怕，但也說不清為什麼。」

經過約30分鐘的傾聽，我心中浮現了這樣一句話：**「好像一切進展得太順利，這讓人感到害怕。」**當我將這句話說出口時，對方回應道：「對！我就是這樣想的。」

許多時候，傾訴者無法完全用言語表達自己所有的感受。**「試圖表達但無法具體說出的感覺」**或**「雖能感知卻無法言喻的東西」**才是問題的核心。

在這樣的情況下，傾聽者與傾訴者需要共同合作，尋找最貼切的詞語來表達內心的感受。

當傾聽者提出的言語未能完全貼合時，可以引導傾訴者進行內心檢視，確認這些言語是否真正符合自己的感受，並進一步加以修正。舉例來說：

「剛才你提到的『難過』這個詞，似乎不太準確……或許與其說是難過，不如說是一種『無可奈何』的感覺？」

「原來是『無可奈何』……」

「對，這正是我內心的感覺。」

像這樣的交流，傾聽者與傾訴者透過合作修正言語，讓對話更加貼近情感的核心。

良好傾聽的條件③

◯傾聽者與傾訴者雙方共同尋找最貼切的詞彙

「共情式理解」是指傾訴者與傾聽者攜手合作，共同「創造」出來的一種連結方式。

「會不會是這樣呢？」「是不是可以這樣解釋？」如果傾聽者只是單方面猜測或強行套用自己的解釋，往往會讓對方覺得被套進某種框架，而難以真正感受到被理解。

第2部分

破壞與修復重要關係的對話

實踐篇

在第2部分，我們將討論在人際關係中「常見的失誤模式」及其改善方法。具體內容包括：

第1章：夫妻

第2章：親子

第3章：上司與下屬

第4章：朋友與情侶

第5章：師生

我們將針對這些不同的人際關係，分別探討破壞關係的失誤模式及改善的具體案例。

希望讀者能回想第1部分提到的核心原則，思考在關係中，什麼是該避免的？什麼是應該實踐的？

讓我們一起探索如何在重要關係中實現更好的理解與連結。

第1章 夫妻之間對話的錯誤範例與改善範例

夫妻關係可以說是最需要「傾聽技巧」的人際關係之一。

多年從事諮商工作的經驗中，我經常聽到女性訴說：「希望丈夫能多聽我說話。」「希望他能更理解我。」這些訴求往往伴隨著無助與絕望的嘆息。

由於夫妻來自不同的成長背景，擁有各自的價值觀，這些差異使他們在共同生活中難免產生摩擦與誤解。因此，維繫良好的夫妻關係，理想的方式是雙方攜手合作，建立一種「彼此傾聽與理解」的互動模式。

當一方的話語能被認真傾聽時，便能感受到自己被重視。而實際上，女性在夫妻關係中最常感到不滿的原因，正是「丈夫沒有認真聽自己說話」。

有些人雖然口中說著重視對方，但行為上卻對其話語置若罔聞，這樣自然無法讓對方感受到被真正重視。

以下是一對夫妻之間常見的對話例子。

案例1

妻子：「今天孩子不願意寫作業，真的很累人！」

丈夫：（低頭看著手機）**「嗯。」**

妻子：「什麼嘛！你根本不關心孩子的事！」

丈夫：（抬起頭）**「沒有啊，我很關心。」**

妻子：「每天都說不想寫，我真的快受不了了……」

丈夫：「如果不想寫作業，那就送去補習班吧。」

妻子：「說得容易！那補習班的事誰來管？我已經忙得要死了！」

為什麼丈夫提出建議，反而讓妻子更生氣呢？

在案例1中，丈夫提出了「送孩子去補習班」的建議，這看似是一種解決問題的好意，卻讓妻子更加憤怒。這是為什麼呢？

在對話中，妻子表達的是她在面對孩子拒寫作業時的無助與疲憊，她需要的不是建議，而是情感上的理解與支持。

然而，丈夫立即給出建議的行為，讓妻子覺得自己的感受被忽視，甚至感到自己被居高臨下地「指導」或「挑剔」。

這引發妻子的抗拒情緒，讓她**認為這是在指責自己的失職**。

案例1的改善範例

妻子：「今天孩子不願意寫作業，真的很累人！」

丈夫：（看著妻子）**「那真是辛苦了。」**

妻子：「是啊，每天都說不想寫，我真的快受不了了……」

丈夫：「嗯……每天都這樣，真的很不容易。一直陪著孩子學習，辛苦妳了。」

妻子：「沒什麼啦。」

丈夫：「我下次試著早點回家，也一起幫孩子看看作業吧。」

妻子想要傾訴的，並不是孩子不寫作業這個事實，而是希望對方理解自己的辛苦。在這個改善案例中，丈夫用心傾聽妻子的話，並回應她的情緒，而不是直接給出解決方案。簡單的一句**「真的辛苦你了」**，就足夠了。

簡單的慰勞，加上一句感謝的話，就能讓妻子感受到**自己的情緒被理解，自己的話語被重視。建立彼此情緒的連接之後**，再提出自己的建議。

人們只有面對「真正了解自己」的對象時，才能坦率的接受對方的建議。

改善「女性在夫妻關係中最常感到的不滿原因」方法

已婚女性最常對丈夫感到不滿的，正是**「丈夫沒有認真聽自己說話」**。（我常在諮商中聽到諮詢者對我抱怨，丈夫不好好聽自己說話、不理解自己。）

因此，我經常在演講中建議夫妻從以下的小練習開始：

「請各位每天互相傾聽對方抱怨5分鐘。」

舉個具體的例子——

晚餐時，妻子先向丈夫倒上一杯啤酒，問道：「今天過得如何，有沒有什麼煩心事？」

當丈夫開始分享，妻子就點頭、附和，例如：「哦，真的啊？那確實不容易。」

5分鐘後雙方互換角色，讓妻子分享自己的心情，而丈夫同樣專注傾聽。

「今天上班上司對我說話很過分，很讓人火大。」

「在家長會上發生了這些事，大家都在背地裡說別人的不好……」

「是喔，那真的很辛苦呢。」

這樣練習**養成互相傾聽對方的抱怨與示弱話語的習慣**，能培養夫妻間的理解與同理心，為改善夫妻關係邁出重要的第一步。

很多為尋求夫妻關係改善，而前來向我諮商的案例中，當事人常說：「我們一談話就吵架，不知不覺就走到這一步……這樣下去可能會離婚，但我想為了孩子挽救這段婚姻。」

案例2

丈夫：「我去估車價了，已經決定要賣掉。」

妻子：「什麼？這種事情怎麼可以自己決定！」

丈夫：「這車本來就是我單身時用自己的錢買的啊。」

妻子：「這種重要的事情通常應該先一起討論過再決定吧？你自己決定太過分了！」

丈夫：「『通常』是什麼意思？這明明是我的車，怎麼賣是我的自由吧！」

妻子：「通常重大決定應該是夫妻共同商量才對吧！」

案例2的改善範例

丈夫：「我去估車價了，已經決定要賣掉。」

妻子：「……欸……已經決定了嗎？太突然了……」

丈夫：「因為估價比我想像中還高。」

妻子：「是嘛……這車本來是你的沒錯，不過這麼多年了我也有些感情在，還是希望你能先跟我討論再決定。這麼突然讓我有點驚訝，也有點失落……」

丈夫：「這樣啊，是我不好，應該先跟你商量的……」

避免使用責備語氣，直述自己的感受

在案例2的對話中，妻子以「通常重大決定應該是夫妻共同商量」、「通常應該這樣做」等社會普遍規範表達自己的不滿，但這種說法容易讓丈夫感到被指責或挑戰，使對方豎起防衛心、進而反駁（跟通常沒有關係吧，這是我的車欸……）。

在改善後的範例中，妻子**直接表達自己內心感受：「有點驚訝」、「（因為丈夫沒有跟自己商量，而感到）有點失落」**，這樣的表達方式能讓對方更容易接受，並促進正向溝通。

像這樣，直接用言語表達自己的感受，會讓對方更容易理解你的想法。因為這能讓對方更自然地採取「接納對方感受就好」的應對方式（**傾訴者的核心原則8　不要講意見或推測，而是講「自己的感受」**，第79頁）。

此外，在上述對話中，「通常」這種普遍價值觀的表述，成為了引發「你來我往的攻擊」開端。不僅是夫妻關係，在所有人際關係中，一旦一方開始攻擊，另一方也會因此反擊，從而陷入互相攻擊的狀態。

如果你對對方的攻擊感到不愉快，建議採取「暫時離開現場」（**傾聽者的核心原則7　若感到內心煩躁，應當離開現場**，第41頁）。

在第2章中，舉了親子關係中容易導致衝突的**「以攻擊回應攻擊」**的例子（第135頁），這些範例同樣適用於夫妻關係。

探究爭吵的原因無助於解決問題

針對那些經常因小事爭吵的夫妻，我採用了一種稱為**「焦點解決治療」**（Solution-Focused Approach，簡稱ＳＦＡ）的技巧（也譯為「尋解導向治療」）。

一般來說，當我們試圖解決夫妻間的爭吵時，通常會先從尋找「原因」著手。

「究竟是從什麼時候開始變成這樣的呢？」

「為什麼會發展成現在的情況？」

這背後的想法是**期望找到問題的根源並消除它，問題自然就能迎刃而解**。

然而，實際情況又是如何呢？

即使找到了問題的「原因」（例如丈夫擅自決定了重要的事情），並嘗試解決，真的就能順利解決問題嗎？

多數情況下，被指出的人會覺得自己被指責，結果只會讓關係變得更加惡化。**「尋找原因」很容易演變成「尋找元兇」**。而**被視為「罪魁禍首」的一方，往往會感覺自己受到了指**

責，進而變得更加固執。這樣的情況通常會導致兩種結果——對方閉口不言以迴避被繼續指責，或是雙方爭論得更加厲害。

與其追究問題的「原因」，不如專注發掘那些「跟平常不同、發展順利的時刻」

焦點解決療法認為，**執著於尋找問題的原因，往往會讓問題更加難以解決**。反之，透過適當的提問，探索那些「跟平常不同、發展順利的時刻」，更能引導出解決問題的契機。

妻子：「我真的很想避免爭吵，但每次和老公都還是會吵起來。或許是性格不合吧，幾乎每天都會爭論。」

諮商師：「那最近有沒有哪一天跟平常不一樣，沒有吵架？」

妻子：「大概是上週四吧，那天好像沒有。」

諮商師：「能描述一下那天早上的情況嗎？」

妻子：「早上老公在看報紙，我烤了吐司給他，他吃了後說：『這吐司真好吃』，還對我笑了一

下。我回了一個：『嗯』，接著我們一起看電視，討論節目上的有趣對話，相互笑了笑。」

諮商師：「那麼，在那天的互動當中，有什麼是明天可以再嘗試的嗎？」

妻子：「一起看電視，討論節目上的有趣對話，對老公笑一笑吧。這應該明天能再做得到。」

諮商師：「這是個很好的開始，明天試試看吧！」

「最近，有沒有什麼與平常不同、發展順利的時候呢？那時候做了些什麼事？」

「在那之中，有什麼是明天可以再嘗試的嗎？」

這種提問方式，就是所謂的「尋找例外」的方法。

但如果無法順利找到例外時，可以試著這樣問：

「假設明天早晨醒來後，奇蹟已經發生了……你們的關係得到了戲劇性的改善，充滿了愛與幸福。醒來之後，你們會一起做些什麼呢？」

這是一種被稱為**「奇蹟問題」**的方法。

焦點解決療法的特點在於：

①停止追尋問題的原因或責任歸屬。

②透過具體描繪「跟平常不同、發展順利時的情景」以及「問題解決後的情景」，從中找到可行的行動方案。

如果夫妻之間經常爭吵、摩擦不斷、不滿日漸累積，不妨試試這個方法。

透過「互動式傾聽」，重建彼此信任的夫妻關係

「改善夫妻關係」，是我擅長的諮商領域之一。在協助夫妻改善關係時，我採用的有效方法稱為**「互動式傾聽法」**（Interactive Listening）。互動式意指「相互的」或「雙向的」，而互動式傾聽法是一種學習彼此能夠產生同理的傾聽技巧。

實際諮商過程中，會按照以下方式進行：

第1次會談——

①通常由主動聯繫諮商的一方（多數情況為妻子）開始表達，我會專注且感同身受地傾聽，時間約為10分鐘。此時，丈夫則需充當旁觀者的角色，如同另一位諮商師般，靜靜地坐在一旁傾聽，無論是否有不同意見，都不得插話或打斷。

②10分鐘後，輪到丈夫發表自己的想法，這時我也會專注且感同身受地傾聽，時間同樣為10分鐘。此時，妻子也需遵守規則，只能專心傾聽，不得插嘴或反駁。

③再一次傾聽妻子的講述10分鐘。

④再一次傾聽丈夫的講述，同樣是10分鐘。

⑤最後，我會問兩人：「感覺如何？」並請他們分別簡短地分享心得與感受。

在第一次的會談中，我主要示範了如何扮演好「傾聽者」的角色。

到了第2次會談，我會對夫妻雙方說明：「這次，請你們兩人互相扮演我上次的角色，嘗試彼此傾聽。不用擔心是否做得完美。」並特別強調以下3個重點：

- **除了針對「理解對方」提出確認問題之外，不做其他發言。**
- **即使在過程中產生反駁的衝動，也要克制。專注於確認對方內心感受。**
- **發言者如果覺得對方對自己的理解有偏差，可以立即進行修正，並持續調整，直到對方達到正確理解為止。**

①先由丈夫傾聽妻子的陳述，持續10分鐘，並且完全不作出反駁。他需要做的僅僅是「為確認而提出的問題」。

②10分鐘後互換角色。

③再次重複這個過程。

最後，我會**請雙方各自提出一個「希望對方遵守的具體請求」**。請求內容需具體、可執行且可驗證，避免使用「希望對方親切一點」或「希望對方溫柔一點」這類模糊不清的表述，因為這太過主觀，無法客觀確認。

例如：

妻子：「希望每天至少說一次『謝謝』。」

丈夫：「希望每天至少稱讚我一個優點。」

雙方提出各自期望的「具體行動」，並請對方加以執行。

每天睡前，彼此確認是否遵守這些約定。

在第3次諮商中——流程順序與上次對調。由妻子首先設身處地傾聽丈夫的話，進行10分鐘後交換角色。這樣的過程重複2次。

最後，雙方再各提出另一項希望對方遵守的具體請求，以進一步深化彼此的互動與關係改善。

每天睡前，彼此確認是否遵守約定

約定應該是彼此提出「希望對方遵守的」以及「自己也能做到的」具體請求。

妻子：「希望你不要再說『妳是不是笨蛋』這種話。」

丈夫：「希望妳每天能誇我一次很帥。」

這樣就形成了兩個約定。然後在每晚睡前，確認是否履行這兩個約定。

根據情況不同，這樣的練習會持續2～4次不等。經過幾次練習後，夫妻之間的的關係往往能顯著改善。

每天透過確認是否履行約定，夫妻逐漸累積起「對方是個值得信任，能夠遵守承諾之人」的信賴感，成為改善關係的重要基石，讓彼此重新建立穩固的信任。建議大家可以在家庭中嘗試這個方法。

專欄3

羅傑斯所提倡的「婚姻革命」是什麼？

美國臨床心理學家卡爾．羅傑斯（Carl Rogers）被譽為「諮商之父」，是現代心理諮商的奠基者之一。

他最大的貢獻之一，就是打破傳統以建議為主的「指導型」模式，提倡以傾聽為核心的諮商方法，對心理學領域產生了深遠的影響。

此外，羅傑斯認為，「傾聽」不僅僅是諮商師與個案之間的工具，而是一種帶有接納與同理的溝通方式，同樣適用於夫妻、親子、上下級和師生等日常人際互動中。他積極推動這種方法，期望更多人能在生活中實踐。

透過建立彼此傾聽的互動模式，能夠為夫妻關係注入新的活力；親子間的相處也能因此獲得明顯改善；上司真心傾聽下屬，不僅能化解誤解，還可能引領企業文化的積極變革；老師專注傾聽學生的聲音，更能為學校教育帶來深刻的革新。這些改變，都是切實且有感的。

可以說，羅傑斯的目標是一場「以傾聽為核心的社會改革」，因此他被譽為「沉靜的革命家」。

晚年時期，他曾試圖透過「建立相互傾聽的關係」，來解決種族衝突及國際紛爭。羅傑斯於一九八七年曾被提名為諾貝爾和平獎候選人（但在最終發表前辭世）。他堅信，**當對立雙方真心傾聽彼此，關係將會有所改變**。為此，他透過「會心團體」（Encounter Groups）積極參與國際和平運動。

所謂的「會心團體」，是指由數人至數十人圍坐成圈，成員分享自己的經歷，其他人則專注傾聽，或是表達傾聽後的內心真實感受。這種團體旨在促進自我成長，因其強調成員間的真誠互動與相互信任而得名。

透過相互傾聽，使夫妻共同成長

羅傑斯將會心團體中，「建立相互傾聽關係」的主旨，視為社會革命的一部分，並將其應用於夫妻關係中。他所追求的不只是關係的「改善」，更是「改革」。

對於良好的夫妻關係，羅傑斯提出了以下3點主張——

①結婚不是穩固不變的建築，而是一條流動的河流

「我願為你奉獻一切。」

「直到死亡將我們分離之前，我們都會守住彼此的誓言。」

卡爾・羅傑斯對於這類認為奉獻與誓約可以讓婚姻長久的觀點持懷疑態度。他主張**伴侶關係不是一份契約，而是一個持續的過程。他認為，最重要的是「雙方共同深入參與這段關係的過程」**。

並非雙方各自努力提升自己，而是要意識到，這段關係的變化過程本身，就是豐富彼此愛與生活的核心所在。唯有夫妻攜手投入，並共同參與這個過程，才能讓關係更加深刻而充實。

②無論是正面還是負面的感受，將自己內心最深層的情感與對方交流和分享

羅傑斯認為，即使是那些可能傷害對方的負面情感（例如無法滿足於與伴侶間的性行為），也應該坦誠地與對方溝通並分享。

無論是正面還是負面的情感，只要是深植於內心的重要感受，都應該坦率地告訴伴侶。同時，也必須用心傾聽並理解伴侶的反應，無論是指責還是批評，都應打從心裡的接納並理解。

③兩個獨立的個體互相發掘、承認並分享自我

豐富的伴侶關係基於彼此承認、尊重並促進雙方的獨立性。**當雙方都成為獨立而完整的**

自我，婚姻也會因此更加充實。

那麼，什麼是成為「獨立而完整的自我」呢？羅傑斯從以下5個角度進行了解釋：

1 **發掘自我**，接近自己內心深處的情感，了解自己真實的情緒。

2 **接受自我**，無論自己的經歷帶來的是奇怪、不被社會接受的感受，都能將其視為自我的一部分並接納。

3 **摘下面具**，拋開男／女特定角色框架、偽裝和防禦機制，活出真實的自我。

4 **擺脫社會規範，不再受「應該怎樣」或「理所當然」的束縛**，而是順從自己內心的情感流動。

5 **共同成長**，雙方作為「獨立的自我」各自成長，並承認與分享彼此的成長，這樣婚姻生活本身也會隨之充實與進步。

這5個要素是成為「獨立而完整的自我」的關鍵，同時也是實現自由、充實伴侶關係的重要基石。羅傑斯認為，當這些要素存在時，性生活也自然會隨之往好的方向發展。

而實現豐富伴侶關係的核心手法，正是「傾聽」。

「嫉妒」能否被克服？

羅傑斯曾探討過一個大膽的主題：男女之間是否可能克服「嫉妒」這個最大的情感挑戰。他提出了一個激進的概念——**「衛星關係」（Satellite Relationship）**，即**若能將伴侶與其他異性間的交流（包括性行為）所帶來的快樂，視為自己的快樂，那麼伴侶關係反而會因此變得更加穩固且持久**。

一般而言，當伴侶與其他異性發生性關係並感到快樂時，多數人會認為這是背叛、無法容忍的行為。

然而，羅傑斯認為，遇到這種情況，與其試圖「原諒對方的錯誤」，或陷入「我不夠有魅力所以對方另尋他人」的自卑情緒，不如嘗試與伴侶分享這份經歷所帶來的快樂。他主張，若伴侶能在與其他異性的互動中獲得極大的幸福感，應該為對方感到高興，並將其視為彼此之間可以共同分享的快樂。

例如，他建議伴侶坦誠分享自己被其他異性吸引的感受，而另一半則應以開放的態度回應：**「原來妳能與那位男性有如此美好的經歷，這真的很棒，我為妳感到高興。」**甚至在某些情況下，即使伴侶與其他異性發生了肉體關係，也應坦率地交流這段經歷，將其視為彼此之間可共同分享的喜悅。

羅傑斯認為，**透過與伴侶以外的對象交往，可以讓人更清楚意識到那些只有自己與伴侶之間才擁有的獨特價值與美好之處**。以坦率的方式分享彼此的感受，不僅可以克服嫉妒，還能讓伴侶關係變得更穩固、更持久。

然而，這樣的觀點對於深受傳統性道德束縛或嫉妒心影響的人來說，可能相當難以接受。即使是敬重羅傑斯的人，在這一點上也未必能認同他的看法。

第2章 親子之間對話的錯誤範例與改善範例

我的第一份心理諮商工作是在某個地區的兒童輔導中心展開的。之後，我從事諮商工作已接近40年，期間接觸了許多父母的諮詢。基於這些親子諮商的經驗，我有所感觸——來進行諮詢的父母，大多都是真心為孩子著想。他們對孩子抱持著深厚的愛與關心。然而，多數父母不知道該如何表達自己的想法，時常因此造成親子關係出現扭曲與矛盾。

讓我們透過以下幾個案例，來一起思考這個問題。

案例3

孩子：「這次的新班導師好討厭啊。」

父親：「為什麼討厭？如果有什麼困擾，就說出來。」
孩子：「因為他常常留很多作業，還總是罵人。」
父親：「才這點小事，那只是你在耍任性罷了。你應該要更努力！」

案例4

孩子：「今天不想去學校……」
母親：「為什麼不想去？你可以把事情都告訴媽媽。」
孩子：「因為和○○同學吵架了……不知道能不能和好……」
母親：「才這點事！你自己想辦法解決吧！」

「你可以把什麼事情都告訴我喔。」

父母常以這句話鼓勵孩子敞開心扉，但當孩子如實表達自己的感受時，卻立刻被指責任性、不努力。父母的否定態度，讓孩子無所適從。久而久之，會令孩子對父母失去信任，進而產生不信任感，甚至關閉內心，不再願意與父母溝通。

「什麼都可以跟我說喔」（＝「我會接納你的感受」）

「這是你的任性吧」（＝「是你的錯！」）

當父母同時向孩子傳達這樣矛盾的訊息時，孩子的內心會陷入混亂。如果孩子長期處於這種「矛盾訊息」的環境中，可能會導致所謂的「雙重束縛」（Double Bind）狀態，進一步引發心理健康問題，甚至導致精神疾病。

接納孩子內心的對話範例

案例3的改善範例

孩子：「這次的新班導師好討厭啊。」

父親：「是嗎？你覺得討厭啊……是發生了什麼事讓你這樣覺得呢？」
孩子：「因為他常常留很多作業，還總是罵人。」
父親：「原來是這樣，作業真的很多啊。那你一定覺得很辛苦吧。」

案例4的改善範例

孩子：「今天不想去學校……」
母親：「哦，妳不想去學校啊……是什麼事情讓妳這樣覺得呢？」
孩子：「因為和○○同學吵架了……不知道能不能和好……」
母親：「是喔！妳和○○同學之前感情那麼好，現在因為吵架，讓妳覺得不確定能不能和好，所以對上學這件事感到有點排斥啊……」

只要像這樣，不加過多的建議或評論，只需單純地接納孩子的感受即可。

請回想起第1部分中我們談過的幾個傾聽的核心原則。

- **傾聽者的核心原則2 不說「不過……」、「雖然你這麼說……」（第23頁）**
- **傾聽者的核心原則3 不提供個人建議（第29頁）**
- **傾聽者的核心原則4 簡單的「原來如此」、「真的很不容易呢」就足夠（第31頁）**
- **傾聽者的核心原則5 不說多餘的話（第33頁）**

此外，傾聽時可以捕捉對方話語中表達的情緒，例如「難過」、「寂寞」等，並回應說：「原來你有這樣的感受啊。」如此一來，能幫助孩子感覺被理解與接納。

- **傾聽者的核心原則15 慢慢重複對方包含情緒的字詞（第70頁）**

當父母能準確地用一句話回應孩子的感受時，孩子可能會心想：「爸爸、媽媽真的在試著了解我的感受！」進而願意表達更多內心真實的情緒。

有時候，孩子甚至可能說出像：

「我真的好痛苦。」「也許這個世界上沒有我會更好。」「我想死。」這類沉重的話語。面對這樣的情況，父母要做的就是接納孩子這些難得的坦率心聲，原封不動地接受下來。父母可以輕聲說：「原來如此……」

作為父母，或許會因孩子的話語而哽咽無言，也可能因震驚而無法開口。其實這樣就可以了，**孩子會感受到父母認真對待他們的話語**。

請不要說：「別說這種話，我們一起努力吧！」這樣的鼓勵可能會讓孩子覺得父母是在逃避、轉移或掩蓋他們的感受，進而逐漸關閉心門，甚至再也不願意傾訴內心的想法。

孩子願意向父母傾訴心事，是一件難得且寶貴的事。能夠分享自己的痛苦或煩惱，代表孩子對父母懷有「這個人能理解我！」的安全感與信任感，這正是親子間建立信任關係的象徵。父母應**珍視這份信任，正視孩子的感受，不逃避、不轉移，而是用心接納**。

關於不想上學的親子對話範例

案例5

孩子：「媽媽……我真的不想再去上學了。」

母親：「什麼？為什麼不想去上學？」

孩子：「我在學校被大家孤立了……」

母親：「什麼！被欺負了？太過分了，我要去跟導師說清楚！去學校找他們理論！」

案例5的改善範例

孩子：「媽媽……我真的不想再去上學了。」

母親：「是嗎？不想去上學……是因為在學校發生了什麼不開心的事嗎？」

孩子：「我在學校被大家孤立了……」

母親：「（低沉且緩和地說）原來如此，這真的很難受……謝謝你願意告訴我。」

當孩子向父母傾訴不想再去上學、被排擠、被霸凌時，作為父母，很容易感到慌張或不安。然而，若父母因情緒激動而反應過度，比如大聲詢問：「為什麼會這樣！」或者表現出驚慌失措的樣子，反而會讓孩子更加不安。

孩子好不容易鼓起勇氣向父母求助，卻未能獲得理解，反而引發了一場騷動時，容易讓他們心生抗拒，不願再傾訴，進而封閉自己的內心。

因此，當孩子傾訴煩惱時，如果父母感到情緒起伏、內心不安，可以嘗試深呼吸，平靜自己的心情，讓情緒穩定下來。

・傾聽者的核心原則9 先保持自己內心的平靜，再進行傾聽（第45頁）

父母應該先調整自己的心態，穩定下來，並以冷靜的方式接納孩子的話語。同時，**要感謝孩子鼓起勇氣與自己分享這些重要的感受**，因為這是最關鍵的一步。

・傾聽者的核心原則18「謝謝你告訴我這麼重要的事情。」（第74頁）

父母絕對不該說的3句話

當孩子向父母坦承被霸凌時，有3句話是父母絕對不可以說出口的：

「你自己也有不對的地方吧？」「你應該堅強一點才行。」「不要放在心上就好啦。」

這些話只會讓孩子在已經痛苦不堪的情況下，感到更加絕望。他們可能會覺得再也無法向任何人尋求幫助，內心充滿無助和孤立。

尤其是第一句「你自己也有不對的地方吧？」會讓孩子產生「我被霸凌是因為我不好……」的念頭，甚至更進一步認為「我這樣的存在，無論遭受什麼樣的霸凌都沒關係。」這會大大加重孩子的自我否定感，對心靈造成深遠的傷害。

對遭受霸凌的孩子應該說的話

當孩子說出：「其實，我在學校被霸凌了……」時，父母應該先試著理解孩子的痛苦，並感謝他願意說出這麼重要的心事。可以這樣回應：

「一定很痛苦吧……你真的撐了很久，辛苦了。謝謝你願意告訴我。」

說完這句話後，靜靜地傾聽孩子的敘述即可。

不少孩子在說著說著時，可能會情不自禁地哭出來。這時，父母可以溫柔地說：

「沒關係，大聲哭出來吧。媽媽（爸爸）也很想陪著你一起哭。」

透過全然地接納孩子的情緒，幫助他們釋放內心的痛楚是非常重要的。

在痛苦的時候正視痛苦，悲傷的時候盡力悲傷非常重要。當孩子感到痛苦時，他們需要的是理解與陪伴，而不是壓抑自己的感受。父母可以進一步向孩子傳遞：「就算說出自己的痛處也沒關係」，並堅定地表示：

「媽媽（爸爸）永遠站在你這邊。這不是你的錯，霸凌你的人才是錯的。」

這樣的話語能有效保護孩子的心靈，讓他們感受到支持與力量。

「以攻擊回應攻擊」的惡性循環

言語可以是安慰與救贖的工具，但同時也可能成為傷人的武器。
不當的言語，不僅會扭曲彼此的關係，甚至可能讓這種扭曲的關係變得根深蒂固。
「以攻擊回應攻擊」便是典型的例子。
以下是一段描述母親在發現孩子偷藏補習班作業後，因情緒激動而展開的對話：

案例6

母親：「你為什麼要這麼做？腦袋有問題嗎？」
孩子：「……你才腦袋有問題吧。」
母親：「早知道就不應該生下你……」
孩子：「我才不想當妳的孩子呢，死老太婆！」
母親：「你這臭小鬼！既然這樣就滾出去吧！」

這種「以攻擊回應攻擊」的對話模式，無論是親子或夫妻關係，都是常見的錯誤互動。

我在擔任學校輔導員期間，經常遇到因孩子頂撞而感到困擾的父母。他們常常向我訴苦說：「孩子對我說『死老頭』『死老太婆』，我當場氣得不行，只能回嗆他『你這臭小子，滾出去吧！』」。然而，結果往往是孩子真的負氣離家出走。

當「以攻擊回應攻擊」的互動模式不斷重複，這種惡性循環很容易變成固定的相處方式。旁觀者或許能輕易看出其中的問題，但處於情緒中的當事人往往難以意識到，自己也正深陷於這種負面互動之中。

案例6的改善範例

母親：「你為什麼要這麼做？腦袋有問題嗎？」

孩子：「你說什麼就是什麼吧……」

母親：「（意識到自己正在失控）**對不起！媽媽剛剛說得太過分了。其實媽媽今天有點煩**

躁……但你絕對不是腦袋有問題。」

父母需要學會「退一步」，以「大人的姿態」跳脫出惡性循環。

當雙方的言語衝突升級到「我就不該生下你」「我才不想當你的孩子」這種難聽的地步時，親子關係可能會受到極大傷害，甚至導致數年乃至數十年的隔閡與斷裂。

要避免最糟糕的情況，最關鍵的就是：

「若感到內心煩躁，暫時不談話，立刻離開現場。」

當意識到再繼續吵下去只會愈來愈糟時，應立即停止對話，並離開現場至少2個小時（傾聽者的核心原則8，第42頁）。經過2小時，雙方的情緒通常會有所緩和，更能冷靜地交流。此時，通常會有其中一人開口說：「剛剛對不起……」來化解矛盾。

如果已經陷入激烈的爭吵，可以考慮**保持距離2個月**。這段時間可以讓雙方冷靜，為修復關係創造空間。記住，過度情緒化的對話只會破壞親子關係。

專欄4

如何與用「情緒勒索」來控制他人的人相處？

在生活中，有些人習慣以「情緒勒索」作為操控他人的手段。這種行為過去多見於男性，但如今女性中也愈來愈常見。

例如，**經常悶悶不樂、沉默不語的母親，或者板著臉、不發一語的妻子**。這樣的人常在情緒低落時對孩子或丈夫丟下一句：「隨便你們，反正我不管了。」孩子或丈夫為了緩和氣氛、取悅對方，開始小心翼翼地迎合。這是一種以情緒控制他人的不健康互動模式。

當孩子或丈夫稍微做了不合母親（／妻子）心意的事情，母親（／妻子）就會立刻沉下臉，保持沉默，甚至避免眼神接觸。孩子或丈夫因此不得不時刻揣摩對方的情緒，努力討好，讓自己避免成為不滿的對象。他們心中充滿疑慮：「她現在心情好嗎？」「是不是我做錯了什麼？」

這樣的家庭氛圍，會讓孩子失去快樂無憂的童年，難以真正享受成長的美好時光。

下意識的討好他人成為習慣

如果父母長期以不高興就沉默的方式與孩子互動，孩子就會在恐懼中學會壓抑自己的感受，拼命迎合父母的情緒。這樣的行為模式一旦內化，便會成為習慣，使孩子無法擺脫周圍人的情緒影響。

長大後，他們面對父母、上司、朋友甚至情侶時，總是不自覺地關注對方的情緒，處處小心謹慎，避免惹對方不開心。他們會不斷迎合他人的需求，結果成為一個失去自我的人。

更糟的是，他們可能**在無意識間被情緒化的人吸引，甚至覺得自己只能與這樣的人相處**。例如，在選擇情侶時，往往會傾向於挑選一個經常表現出不滿情緒的對象，進而不自覺地重演相似的關係模式。然而，這樣的互動只會讓雙方深陷痛苦，無法邁向真正的幸福。

他人的情緒不是自己的錯

若你已是成年人，卻發現伴侶或朋友總是以自己的「不愉快情緒」試圖控制他人，該如何應對呢？

答案其實很簡單：**放手不管就是最好的辦法**。

你可以這樣提醒自己：

「他的不愉快是他自己的責任，與我無關。我沒有義務為他的情緒負責，也不需要試圖讓他心情變好。」

這種自我提醒的核心在於，學會停止**迎合對方的情緒**。

然而，若是在孩童時期面對容易情緒綁架他人的父母，情況就沒這麼簡單了。孩子無法像成年人一樣選擇遠離或不理會，那些像「專制君主」般以沉默和不愉快來控制孩子的父母，常會深深影響孩子的人生軌跡，讓他們背負沉重的情緒枷鎖。

與這樣的人相處時，保持距離是最好的選擇。更重要的是，絕對不要試圖迎合對方的

情緒。

如果周遭的人不再迎合那些以情緒勒索他人的人，這些人便會失去用情緒操控他人的成效與滿足感，自然就不得不面對改變。換句話說，他們之所以能長期維持這種負面情緒，正是因為身邊的人習慣性地討好他們，最終導致雙方陷入「共依存」的關係，難以自拔。

每個人都是自己人生的主角。

我有我的人生，你有你的人生；父母有父母的人生，孩子有孩子的人生。即使是親子之間，也應該彼此尊重，視對方為獨立的個體，努力建立一種健康而平等的關係。

第3章 上司與下屬之間對話的錯誤範例與改善範例

許多企業逐漸導入「一對一會談」，**其核心在於用心傾聽下屬的「情緒」**，不僅是他們表達的內容，還包括話語背後隱藏的感受與心情。

如果你是主管，可能會覺得「這種事我早就做到了啊，誰不會聽下屬說話呢？」

然而，真正的「傾聽」其實比想像中更具難度。

即便我們以為自己正在認真聽，很多時候卻只是形式上點頭附和，未能真正捕捉到對方的情感與需求。這樣的情況往往會讓下屬覺得自己沒有被重視，進而產生「我的聲音沒人聽見，我的感受也沒人理解」的挫折感。

案例7

下屬：「我對客戶A先生感到很不滿。」

上司：「總覺得你最近抱怨好多……發生什麼事了？」

下屬：「我照他的要求做了企劃，但條件本身就有問題，結果他要我重新做。」

上司：「那你為什麼不自己確認清楚呢？總是怪別人可不會成長喔，我的話一定會先查清楚。」

下屬（內心OS）：**「果然不該跟這位上司說這些。」**

許多主管會不自覺地將傾聽轉變為指導或批評，忽略了下屬情感的表達。重點在於記住「傾聽的核心原則」：避免使用「但是」「雖然」等否定性的轉折語。

- **傾聽者的核心原則2 不說「不過……」、「雖然你這麼說……」**（第23頁）

案例7的改善範例

下屬：「我對客戶A先生感到很不滿。」

上司：「你對A先生感到不滿，發生什麼事了？」

下屬：「我照他的要求做了企劃，但條件本身就有問題，結果他要我重新做。」

上司：「原來如此，聽起來真的很讓人沮喪，難怪你會覺得不開心。」

下屬（內心OS）：**「上司真的理解我的感受了！」**

「一對一會談」的4大實用技巧

即使主管與下屬有了「一對一」的對話機會，如果主管沒有正確的心態，這種對談往往會淪為一場說教。

然而，即使有心想要改變自己的態度，也並非能輕易做到。主管不需要一開始就具備完美的「心態」，重要的是先從「形式」入手，逐步進行改善。

讓我們用4個實用技巧來從形式入手。

①忍住想要說教的衝動

②向對方詢問：「你想怎麼做？」

③靜靜點頭傾聽，僅說：「嗯」、「原來如此」等詞語1分鐘

④最後傳達信任與期待：「我相信你一定可以做到。」

只要每天實踐這4個步驟，就能有效改善上司與下屬彼此之間的關係。

說得極端一點，上司是否真正理解下屬的心情，其實並不是最重要的。**真正能改變企業文化的關鍵，在於建立信任與期待**，而非追求絕對的相互理解。不管是上司與下屬的關係，還是夫妻或親子之間的互動，若過於強調「完全理解彼此」，反而可能適得其反。畢竟，想要「完全」了解他人是幾乎不可能的。

與其苛求雙方必須完全理解對方，不如**學習在仍有不理解的情況下，依然選擇給予信任**

與支持，並將這份信任明確傳達給對方。

例如，即使內心有千言萬語想對下屬提出指導，也應學會適當克制，轉而先詢問對方的想法。當對方表達意見時，試著保持1分鐘的沉默，專注傾聽並適時點頭表示認同。隨後，傳遞出「原來如此，我懂了」或「我相信你一定能做到」這類充滿信任與期待的訊息。

這樣的互動方式，不僅適用於主管與下屬關係，也能有效運用在夫妻或親子交流。

不妨試著從前述的4個技巧開始實踐，先專注形式，持之以恆後，自然能帶動心態的改變。接下來，我們將以一段對話範例，說明如何運用這些技巧。

案例8

上司：「〇〇，報告準備好了嗎？繳交期限已經過了。」

下屬：「對不起，我還沒準備好。」

上司：「為什麼還沒提交？其他人都按時交了啊！」

下屬：「因為還沒弄清楚，所以不想交。我覺得交出連自己都不認同的報告，沒有意義。」

上司：「但這樣也太任性了吧？其他人都遵守繳交期限呢！」

案例8的改善範例

上司：「○○，報告準備好了嗎？繳交期限已經過了。」

下屬：「對不起，我還沒準備好。」

上司：「還沒完成啊……你打算怎麼做呢？」

下屬：「我希望能弄清楚內容直到滿意後再提交……能再給我2個小時嗎？」

上司：「我明白了。延後的時間裡，我期待你能交出更好的成果。我相信你一定能做到。」

真正能勝任工作的人只有2成

有時，主管會因為信任某些員工的能力，而在沒有詳細說明與輔助的情況之下，將工作全盤交付給他們。但對這些員工來說，這種「信任」有時反而讓人感到缺乏關懷，甚至覺得自己被敷衍對待。

俗話說：「能者多勞。」在企業中，常流傳著這樣的說法：**「真正能勝任工作的僅佔2成。」**其餘8成則負責一般性工作，依賴那2成員工的突出表現來支撐整體營運。我認為這種說法相當貼切。

學術界的情況也如出一轍。積極撰寫論文、出版專著的優秀大學教授，或許只佔總數的2成，而其餘8成則以穩健的態度完成日常教學與研究，維持基本薪資。然而，正是那2成教授支撐起學術界的形象與聲望，成為學術進步的重要推手。

同樣地，企業的營收多半仰賴這2成表現優秀的員工。他們不僅執行日常工作，還能提出獨到見解與創新策略，推動企業發展，成為整體成長的關鍵力量。

應該特別關注「關鍵2成」員工的心聲

然而，如果企業長期依賴那關鍵的2成員工，卻未能為他們提供適宜的工作環境，他們可能會產生「無法再繼續下去」的想法，最終可能會選擇離職，轉而投入其他公司或創業。

如果企業希望這些「關鍵2成」人才留下，主管應主動打造能長期發揮價值的環境。

事實上，主管最需要傾聽的正是這些優秀員工的需求，因為他們對企業的貢獻至關重要。

當這些員工感受到：

「上司有在聽自己的心聲。」

「上司理解自己對日常工作的心情與態度。」

「被賦予重要職責是因為上司對自己的信任與期待。」

在這樣的情況下，他們更有可能選擇留在企業，並持續投入精力貢獻價值。

對企業而言，優秀人才的流失是一大損失，而這種流失的形式不限於轉職到其他公司。

如果這些頂尖人才因工作壓力過大或精神壓力積重難返，可能導致職場倦怠（燃燒殆盡），甚至陷入憂鬱，最終休職或辭職，對企業來說同樣是極大的風險。

案例9

上司：「回顧這一季的工作，你對自己的表現如何評價？」

下屬：「我覺得大部分設定的目標都達成了。」

上司：「雖然A和B案件如期完成，但C案件還沒開始對吧？」

下屬：「是的，其實還沒來得及處理C案件，很抱歉。」

上司：「那麼，下一步的挑戰就是C案件了。要更努力才行啊。」

下屬（心聲）：「明明是因為臨時讓我處理D案件，這又不是我的錯。」

案例9的改善範例

上司：「回顧這一季的工作，你對自己的表現如何評價？」

下屬：「我覺得大部分設定的目標都達成了。」

上司：「是的，A和B案件進展得很順利呢。那麼C案件的進度如何呢？」

下屬：「我計劃在完成需要緊急處理的D案件後，著手進行C案件。」

上司：「原來如此。因為你能力出眾，我們才將這個緊急的D案件交給你處理。非常感謝你正全力以赴處理這項工作，先把D案件完成，之後我也期待你在C案件上的表現。」

下屬：「好的，我會努力達成您的期待。」

無法留住關鍵2成人才的公司，恐怕難以期待其未來發展。身為主管，為避免這種情況，可以採取以下措施：傾聽這些關鍵人才的聲音，了解他們的心情與處境；接納他們的情感，並適時提供支持；以信任與期待為基礎，透過激勵人心的話語與他們有效溝通。

專欄5

兩人單獨交談竟成為騷擾!?

職場中經常以「騷擾」來形容霸凌或刻意讓人感到不愉快的行為。然而，儘管騷擾的概念已廣為人知，許多人卻未意識到自己某些行為可能構成騷擾。

事實上，許多騷擾案例往往出現在上司以**「為了下屬好」**為出發點與下屬談話的情境。

作為學校內的諮商師，我經常處理與教育現場相關的問題。我發現類似「兩人獨處」的場景特別容易引發這類情況。

以小學為例，校長可能出於「為了副校長的未來發展」或「期望副校長成為一名出色校長」的善意，與副校長進行單獨談話。然而，談話常不自覺地拖長至1~2個小時，內容充滿建議與指導。副校長雖然只能不斷附和「是的，是的……」但內心卻因長時間的精神壓力而倍感煎熬，最終只留下被否定的挫敗感。

此外，也常見資深老師出於「為對方好」的心態，對年輕老師進行熱心指導。然而，年輕老師卻只覺得自己是「被迫配合」。談話持續了1個小時後，年輕老師終於忍無可忍，對資深的女性老師怒罵：「你這個老太婆！」導致雙方關係徹底決裂。在幼兒園中，園長與主任老師之間也經常出現類似的情況。

避免密閉空間，年長的一方談話簡短為宜！

問題的關鍵在於，位居上位的人出於**「為了對方好」**的善意，卻常讓處於下位的人感到被冒犯或受到壓迫。

許多人會感到困惑：「如果出於善意反而讓對方感到不舒服，那該怎麼辦呢？」甚至有人因此乾脆選擇不與年輕一輩互動。

事實上，目前許多職場中，30歲中期以下的年輕世代與年長世代之間，正面臨這令人沮喪甚至難以逾越的「代溝」。

在容易被認為是騷擾的情境中，通常有以下幾個共通特徵：

①年長者講話時間過長

②兩人對談時間過久（超過30分鐘）

③對談環境是兩人獨處的密閉空間

那麼，當年長者在職場或其他場合與年輕人對話時，應該怎麼做才能避免這些問題呢？

其實只要反向操作即可：

①避免密閉空間

②對談時間控制在5分鐘內

③讓年輕人多發言，年長者則縮短自己的講話時間

④年長者在對話結尾時，使用「果然厲害！」「我相信你可以！」等鼓勵話語

只要遵循這些原則，就能有效避免騷擾問題，也能更輕鬆自在地與年輕人互動！

第4章 朋友、情侶之間對話的錯誤範例與改善範例

建立現代諮商理論基石的心理學家卡爾・羅傑斯曾指出，當前來諮詢的諮詢者產生正向改變時，通常是諮商師展現出「接納」、「同理」與「一貫」3種核心態度。而這3種態度不僅適用於專業的諮商或心理治療中，同樣也能應用在一般人際互動中，如夫妻、親子、朋友、情侶、上司與下屬，甚至老師與學生之間的關係。

以夫妻、朋友或情侶關係為例，當雙方——

①彼此尊重

②建立促進雙方成長的關係

就能自然展現這3種態度的力量。

若將這3種態度以簡單方式套用在日常關係中，可具體體現為：

①接納：不刻意稱讚或批評，純粹尊重對方的存在與選擇
②同理：設身處地，從內心深處去理解對方
③一貫：細緻而坦率地表達自己的真實感受與意圖

接下來，將以朋友或情侶之間的對話為例，來說明這3點。

接納，是純粹的全盤接受

首先，讓我們來談談「接納」。許多人常常將其與「肯定」混淆。例如，當朋友說：「我真的一點用處都沒有。」時，或許你會回答：「不會啊！」這樣的鼓勵話語很常見，這就是所謂的「肯定」。

然而，當對方聽到「才不是」「你還是有很多優點」「你並不是一點用處都沒有」這類**肯**

定的話語時，反而可能會讓他覺得，他那種「我真的一點用處都沒有」的情緒被否定了。

他可能進一步陷入自我否定的惡性循環：

「總是消沉低落的我，果然還是個沒用的人。」

「我這樣說，只會讓人覺得我很煩吧。」

在這種情況下，重要的是既不讚美也不批評對方。接納就是不對對方所表達的內容進行好壞評價，而是單純地「如實接受」。

案例10

朋友：「我真是一無是處。不可愛、不會看人臉色、又笨……」

你：「才不是這樣！你有很多優點啊！」

案例10的改善範例

朋友：「我真是一無是處。不可愛、不會看人臉色、又笨……」

你：「是喔。你現在覺得自己完全不行……感覺自己只有缺點……是這樣的感覺吧。」

關鍵在於**接納對方真正想表達的「內在感受」**，而非僅僅停留在他們所說的「表層內容」或表達出的「情緒」。當一個人感受到自己被全然接納時，他們也會逐漸學會接納真實的自己，這正是**「自我接納」**的核心意涵。再來介紹另一個情境，情侶之間的對話例子：

案例11

女友：「唉……被上司罵了，覺得很沮喪……」

男友：「怎麼了？」

女友：「我完全忘了今天是企劃書的截止日，果然我就是什麼都做不好。」

男友：「重要的計劃還是要設好提醒才行啊！我每次都有把截止日期輸入行事曆。」

女友（內心OS）：「這些道理我都知道，你還說出來只會讓我更難受……」

案例11的改善範例

女友：「唉……被上司罵了，覺得很沮喪……」

男友：「是嗎？妳現在很難受吧……」

女友：「我完全忘了今天是企劃書的截止日，果然我就是什麼都做不好。」

男友：「忘記了啊……發生這種事真的會讓人很挫敗吧……」

傾聽他人說話時，人們常忍不住想提出建議。然而，**建議可能被視為「挑剔」**，因為對方聽到建議時，可能感覺自己被暗示「你現在的做法不對」。特別是當對方沮喪時，更沒必要藉由說「我當時是這樣做的」來無意流露優越感。

以同理性的方式，從對方的視角去理解

②中的同理式理解，是指以對方的視角出發，嘗試像成為那個人一般，從內在的角度理解他所說的話。

羅傑斯將個人內心中用於看待事物、感受、思考及形成價值觀的框架，稱為「內在參考框架」（Internal Frame of Reference）。

在同理式的理解過程中，我們以對方的這種「內在參考框架」為基礎，也就是對方用來感知世界和生活的「心理視角」，來傾聽對方的話語。

設身處地從對方「內在視角」出發，思考**「如果我是這個人，擁有相同的價值觀、感受與想法，會有何感受？」**藉此代入對方立場，推測並想像其內心世界，從深層理解他人。

案例12

同事A：「明天我會先去一趟醫院再來，所以上午會請假。」

同事B：「都去這麼多次了，還沒治好啊？」

同事A：「因為做了精密檢查，明天是去聽結果……」

同事B：「這麼說來，你臉色確實不太好看呢。」

同事A：「嗯……」

同事B：「要更積極一點想才行啊。如果心情低落，身體狀況會更差的！板著臉的話，病痛會更纏上你。要正面思考才行！」

同事A：「……是這樣嗎？（至少在我身體不好的時候，讓我情緒低落不行嗎？）」

同事B：「我這個人啊，就是見不得別人有困難，所以沒辦法不管。」

案例12的改善範例

同事A：「明天我會先去一趟醫院再來，所以上午會請假。」

同事B：「都去這麼多次了，還沒治好啊？」

同事A：「因為做了精密檢查，明天是去聽結果……」

同事B：「這麼說來，你臉色確實不太好看呢。」

同事A：「嗯……」

同事B：「身體不舒服的時候，心情也會不自覺地低落，是這種感覺嗎？」

同事A：「是啊，雖然稱不上心情低落……但確實有點提不起勁。」

同事B：「這樣啊……提不起勁嘛……」

在這個案例中，同事B問了**「身體不舒服的時候，心情也會不自覺地低落，是這種感覺嗎？」**來確認自己的理解。

同理性理解的重點是，像這樣用「你感受到的是〇〇這樣的意思嗎？」的方式，主動確認自己的理解。如果發現理解有偏差，就請對方幫忙修正。

需要注意的是，許多人會誤解「同理」等同於「同感」，但事實上並非如此（第89頁）。

「對呀，是這樣呢」這類表達，屬於日常對話中的「同感」，是指雙方擁有相同的感受。

然而，傾聽對話時不需要同感，因為如果對方說出「對吧」「你也這麼覺得吧？」這樣的話，往往會讓人感到不自覺地被強迫附和對方。

「同理」則正相反，它建立在對方的感受和自己的感受是不同的基礎上。以「你感受到的是○○這樣的意思嗎？」的方式，逐步確認並理解對方的感受。這過程中，**設身處地去體會對方內心世界的情感，並用細膩的語氣將這些感受傳遞給對方**。若對方覺得所傳達的內容有偏差，則要傾聽對方的修正，保持開放的態度進行對話。

細緻而坦率地表達自己的真實感受與意圖

③的一貫指的是，在與某人相處時，能夠忠於「自我」。

具體來說，就是在與某人互動的過程中，對內心產生的情感進行以下步驟：

①確認自己當下的感受；

②細緻地整理這些感受；

③坦率地將感受用言語表達出來

這樣一來，對方能更容易真實地感受到你的想法。

以下是一段情侶之間對話的例子——

案例13

女友：「明天要不要出去玩？」

男友：「今天加班，明天工作也很忙，真的很累，抱歉。」

女友：「那算了，我找別人一起去玩！」

男友：「那樣也不錯啊！」

女友：「什麼？我跟別人出去玩你就這麼開心？」

案例13的改善範例

女友：「明天要不要出去玩？」

男友：「今天加班，明天工作也很忙，真的很累，抱歉。」

女友：「是嗎……雖然有點失落，但我期待下次的約會。那你工作加油哦！」

男友：「謝謝！我會努力的。下次約會的時候，我們去你之前提過的那個地方好嗎？」

女友：「哇，太期待了！」

當女友說出「那我找別人一起去玩！」時，其實是因為邀約被拒絕後感到不快而脫口而出的氣話，而男友回應的「那樣也不錯啊！」則是對氣話的直接反擊。**這種互相挑釁的對話模式若持續下去，勢必會讓彼此的關係逐漸惡化。**

當女友被拒絕邀約時，內心其實是「寂寞」的。若能坦然面對，並：①**確認當下感受**；②**細緻整理情緒**；③**坦率表達情感**，男友便能更真切地理解她的心情。

第5章　老師、學生與家長之間對話的錯誤範例與改善範例

到此為止，我們談到了透過「言語」進行對話來傳達情感的方法。然而，**對於孩子而言，他們往往透過「表情」來表達情緒，甚至比言語更能表達內心的感受。**

我從事學校輔導員的工作已經超過20年，有時我會詢問班主任：「這個讓人擔心的孩子，在學校裡通常是什麼樣的表情呢？」

結果，班主任經常會這樣回答：「那個孩子表情總是很陰沉，頭髮垂下來，總是低著頭，好像不想跟任何人對上視線。」

接下來，讓我們來看一段老師與學生（國中生）之間的對話例子。在這段對話中，老師無意間說出了可能對孩子造成負面影響的話。

案例14

老師：「鈴木同學，最近看起來有點沒精神，是發生了什麼事嗎？」

學生：「沒什麼……」

老師：「那為什麼最近常常請假呢？是不想來嗎？覺得沒意思嗎？」

學生：「為什麼……」

老師：「如果沒有特別的原因，還是應該來學校吧？」

學生：「（低頭）**嗯……」**

老師：「要振作起來！你到底是怎麼回事呢？」

學生：「（更低下頭）**……」**

當孩子總是憂鬱、低頭、不願與人對視時，心理諮商師通常會考慮是否存在「憂鬱症」的可能性（即使中學生未達診斷標準，也可能處於「憂鬱狀態」邊緣）。

容易陷入憂鬱狀態的孩子，大多是性格認真的類型。對這樣的孩子來說，說出「振作一點！」這樣的話是不合適的。因為即使他們想要振作也無法做到，內心正因此備受煎熬。此時，當他們被要求「振作一點」時，孩子可能只會更加認定自己是「軟弱、無用的人」，進一步陷入自我否定的情緒中。

「為什麼？」這種問題可能讓人感到被指責

老師詢問鈴木同學請假的原因，但鈴木大多沉默，不願多說。對於正值青春期的孩子來說，他們常回應「沒什麼」、「沒特別的」、「不知道」等這樣的話。

成年人聽到這些回答，可能認為孩子在「封閉內心」，但事實並非如此。青春期的孩子往往連自己都不了解自己的感受或狀態。「不知道」這樣的回答其實就是他們的真心話。

這位老師雖然想和鈴木進行對話，但用「為什麼不來學校？」這樣的問題，只會讓鈴木覺得自己受到了責備。「為什麼最近經常請假？」這種問題隱含著「應該好好上學，不要再請假」的潛台詞，讓對方感受到壓力和指責。

「你到底是怎麼回事呢？」這句話看似是一個提問，但實際上更像是在責備對方。

請記住，**「為什麼？」或「怎麼會？」這類問題很容易讓人感覺是在批評對方**。

例如，「為什麼不交作業呢？」可改為「請記得交作業喔」；「為什麼不說出來呢？」則可改為「請把你的想法告訴我」。以更直白的方式表達期望，讓對方更容易理解你的意圖。

案例14的改善範例

老師：「鈴木同學，最近看起來有點沒精神，是發生了什麼事嗎？」

學生：「沒有啦……」

老師：「這樣啊。因為你最近常常請假，所以有點擔心。」

學生：「……沒事的。」

老師：「是這樣啊……如果有什麼困擾的事情，隨時可以告訴我喔。」

學生：「那個……」

老師：「嗯？怎麼了？」

學生：「其實……我們家裡，爸媽最近經常吵架……」

老師：「原來如此……那一定讓你很難受吧……」

這位學生其實並非有意如此，但往往不自覺地露出陰鬱的表情。

對於這類沉默寡言的孩子，需要耐心的陪伴。即便是沉默，也要採取等待的姿態應對，並給予貼近他們心情的一句關懷話語。如此一來，孩子會漸漸感受到：

「即使我情緒低落，老師仍然願意陪伴我。」

「即使是這樣的我，老師也沒有放棄我。」

這種感受能幫助他們逐漸恢復力量。

身為學校諮商師，我深刻體會到孩子們**驚人的「自然復原力」**。

例如，有些孩子因為拒學，國中期間從未踏入學校，但卻會說：「我上高中以後一定會去上學。」成年人往往認為：「怎麼可能做得到呢？」然而，這些孩子升上高中後竟然真的沒有一天缺席，這樣的情況其實並不罕見。

孩子擁有的「自然復原力」，遠超過我們大人的想像。

為了讓他們能夠發揮這股力量，**不管需要耗費多少時間與精力，我們都必須以耐心傾聽他們的心聲，持續陪伴在他們身邊**。這才是最重要的事。

以細緻且具體的方式表達「希望對方做到的事」

接下來介紹教師與家長的對話範例，情境是家長希望向老師傳達一些需求。在這種情況下，**家長應該如何表達，才能讓老師「明白自己的想法」呢？**

這裡舉一個案例：小學生因被班導師訓斥，回家後仍情緒低落。家長與孩子溝通後，認為「這可能是老師指導方式不當導致的」，遂決定打電話與老師聯繫……

案例15

家長：「老師，我有件事想和你聊聊……」

老師：「好的，有什麼事呢？」

家長：「老師，你到底對我家孩子做了什麼啊！」

老師：「啊？啊，您是說那件事嗎？」

家長：「我家孩子一回到家就哭了起來，現在還在鬱鬱寡歡呢！」

老師：「原來◯◯同學這麼放在心上啊。我是因為擔心他才忍不住訓斥了他……」

家長：「你的指導根本沒讓孩子明白，這樣的指導方式顯然是錯誤的吧！這也難怪大家都說現在的老師素質下降了！」

老師：「不，可是……我是真的為了◯◯同學好才……」

家長：「別再找藉口了！」

案例15的改善範例

家長：「老師，您現在方便聊聊嗎？我有些事情想和你溝通一下……」

老師：「當然可以，有什麼事呢？」

家長：「老師，最近好像是我家孩子因為某些事情惹您生氣了……」

老師：「啊，您是說那件事嗎？」

家長：「是的。最近他情緒特別低落，這讓我很擔心……」

老師：「原來○○同學這麼在意啊。我是因為擔心他，才忍不住對他嚴厲了一點……」

家長：「我理解老師的用心，但看孩子這麼消沉，身為家長，我擔心他因此不願上學。我們家孩子表面上很堅強，但其實內心很脆弱，特別容易受傷……如果以後再有類似的情況，希望您能以一種更能激勵他的方式去引導，讓他可以更積極面對問題。」

老師：「明白了，是我語氣不太恰當，今後我會多加注意。」

家長：「孩子一直很喜歡您這位老師，以後也請多多照顧他了！」

即使心中有些抱怨的話想說，也請忍住情緒，將「作為家長對孩子的擔憂」以細緻且坦率的方式表達，這樣更容易被對方理解。在此基礎上，具體地請求「希望老師能做到的事」。

例如，禮貌地請求：「希望老師能以更有助於孩子保持積極心態的方式來表達……」多數老師都會因此而做出改變。（絕大多數老師都具有這種「誠懇態度」。）

對老師責備：「你怎麼能對我家孩子這樣！」絕不是明智之舉。

與老師溝通時，如果能按照以下順序進行，溝通效果會更理想。

①細緻地傳達**作為家長對孩子的擔憂**；

②進一步**具體且有禮貌地表達「希望老師能做到的事」**；

③最後補上一句：**「我家孩子很喜歡老師！」等話語來傳達對老師的信任與期待的話語。**

第3部分

進階篇
掌握「真正的傾聽技巧」

接下來進入進階篇，內容會稍微複雜一些。在這部分，我將介紹自己身為專業諮商師時常運用的技巧。

在第3部分中，會談論如何進行高品質、真正的傾聽。希望翻開本書的讀者，能夠掌握專業諮商師所具備的「深刻、精準且能啟發對方領悟」的真正傾聽技巧。

第3部分的內容不僅適合專業的諮商師、教練或心理師深入學習傾聽的本質與實踐，也非常推薦給以下類型的一般讀者——

- 對於職場、朋友、伴侶、家庭等人際關係困擾感到煩惱的人。
- 想學習諮商技巧，並運用在工作中的企業管理層、人資專員、學校老師、社福及醫療相關從業人員。
- 想在工作中融入諮商元素，並提升他人對自己信任感的人。
- 從事醫療、教育、社福等助人相關職業，以及教練、職涯顧問、顧問等專業人士。

專業諮商師技巧1

透過普通的傾聽（陪伴式傾聽）來提供關懷，在彼此間建立「能被理解的關係」

心理專業人士或周遭的人們在進行心理相關活動時，主要可以分為兩大類：**「關懷（Care）」與「療癒（Therapy／諮商）」**。

當然，心理活動還涵蓋許多範疇，例如透過心理測驗進行的評估（了解諮商者狀態）、研究、社區貢獻、心理教育課程設計等，但整體可概括為「關懷」與「療癒」兩大類別。

閱讀這本書的你，或許並非心理專業人士，但在工作中可能會需要處理一些「帶有心理性質的部分」，並且正在學習應對。

近年來，企業逐漸強調「心理安全感」的建立，以及主管對下屬進行的「一對一會談（1 on 1 Meeting）」。

這時運用的心理相關活動，不在於療癒或諮商，而是「關懷」。

例如，主管的工作是關心並理解下屬的工作狀態，此時可採用的具體方法就是「傾聽」；在學校裡，班導師或保健室老師關注學生，與他們對話並傾聽心聲，這屬於「心理關懷」。醫護人員關懷身處病痛中的患者，向他們表達關心並傾聽心聲，這也是一種「關懷」。此外，自殺防治中最關鍵的，也是進行「關懷」——以溫暖的態度持續關注與陪伴。

當妻子關心丈夫，傾聽他的感受並說：「那一定很難熬吧」，這是「關懷」；父母關心孩子，與他們對話並傾聽他們的心情，也是一種「關懷」。

同樣地，當朋友、伴侶或同事情緒低落時，表達關心、交談並傾聽他們的心聲，這都是「關懷」。

舉不勝舉的例子代表著，**這個世界充滿了需要「關懷」的情景**。而在這些情景中，**最重要的就是「傾聽」**。

懷著真誠的心，陪伴在困難中的人身旁，單純地接納（接受）他們的感受，理解他們的心情，並用言語表達：「那一定很難過吧！」「你能堅持到現在真的很不容易。」

隨著持續的傾聽，傾訴者的心逐漸恢復能量；透過表達，他們的思緒也變得更加清晰、有條理。而最重要的是，孤獨感得到了療癒。

正因如此，傾聽成為關懷的核心要素。而這種傾聽是以**「接納」與「同理」為基礎**。

從傳遞溫暖的關懷開始

那麼，實際的諮商是如何進行的呢？

在第1次或第2次的面談中，所需要的技巧與一般人在關心他人時所用的傾聽方式並無太大差異。

在這些階段，最重要的是先**向對方表現出「溫暖的關懷」**。

當一個人被「溫暖的關懷」包圍時，往往會感到救贖。換句話說，這個世界上對他人冷漠、缺乏關心的人其實佔了大多數。

雖然過度的關心（例如某些鄉村地區特有的緊密人際關係）可能讓人感到壓迫，但試想一下，如果在這個世界上，完全沒有任何人對自己感興趣或關心，那將會是多麼孤獨的處境。

這種孤獨感會逐漸侵蝕人的生存意志，甚至讓人失去對生命的意義感。選擇結束生命的人，可能正是因感到「沒有人真正關心自己」，才會陷入這樣的絕望。

事實上，關心自己的人，只需要一個就足夠了。只要能切實感受到「有一個人真正關心我」，許多人就能重新找回對生活的熱情與動力。

此外，營造出讓人覺得「只要待在這個人身邊，就會感到安心」的氛圍，也至關重要。

在現代社會，雖然相比過去，整體變得更加「規範化」，對於騷擾等行為的監督也更加嚴格，但另一方面，這也讓我們的生活環境變成了一個「隨時都要保持得體」的世界，導致人們難以放鬆，缺乏真正的安全感。

而在這樣的時代，如果有一個人能讓自己感到**「在他面前，我可以真實地做自己」**，那麼這個人將成為自己莫大的支柱與力量來源。

心理關懷者最重要的素質

對於從事心理關懷的人來說，最重要的是能夠帶給他人安心感與安全感。

「在這個人身邊，我感到放鬆、安心。」

能夠維持這種平穩溫和的狀態，是心理關懷者應具備的基本特質。

即使學識豐富、言辭犀利，但如果與其相處時讓人感到不安，總覺得自己隨時會被批評或評判，那麼這樣的人就不適合從事心理關懷工作。

反之，**那些心境平和穩定，時常對他人展現溫暖關心的人**，更適合擔任心理關懷角色。

而這些人在進行心理關懷時，具體的方法便是「傾聽」。這種傾聽的核心在於**「陪伴對方、貼近他們，並用心聆聽他們的聲音」**。

不需要與傾訴者成為「一體」。相反地，（當我們傾聽一位有尋短見念頭的人故事時，如果自己也因此變得消沉，甚至產生相同的念頭，那絕對是不理想的情況），理解「對方和自己是不同的存在」，並清楚認識到雙方是獨立的個體，這樣的態度才是關鍵。

在保持適當的「心理距離」下，尊重對方的情感、試圖理解它。這過程中不進行批判或貶低，也不去稱讚或斥責，而是「純粹地聽對方的話」。**既不肯定也不否定，只是「單純地傾聽」。**

不提供建議、不說教，僅僅「單純地被傾聽」就能讓人找回內心的能量。在被傾聽的過程中，也能逐漸整理自己的情緒，展開心中的自我對話。

例如，一位高中生向母親訴說自己的升學志願，但未被母親理解，反而被一句「那是不可能的」直接否定，十分難過。

此時，若有人能這樣說：「是嗎？你覺得媽媽完全不懂你的想法……那真是讓人難過呢。一定很遺憾吧。」

用這種方式接納對方的感受，能讓對方感覺被理解。

當面對低潮中的年輕人，他可能會說：「我這種人根本沒有任何優點，是個徹底沒用的人。」這時，我們不應像朋友般急著鼓勵：「才不是這樣！你有這麼多優點啊！」也不應以說教的口吻批評：「怎麼會有這種扭曲的想法？不要這樣想！」

真正有效的方式是以接納的態度回應：

「原來如此，經歷了這麼多事情，讓你覺得自己完全沒有任何優點，真的有這樣的感受吧。」單純地承接並接受他的情緒。

當被這樣溫暖地接納時，受到關懷的人會放下防備，毫無顧忌地表達內心的想法。在這個過程中，他們的情緒會逐漸梳理清晰，甚至找到未來的行動方向。

關鍵在於，保持適當的距離，守護並陪伴對方，以「原來你有這樣的感受啊」的態度單純接納他的情緒，而不去刻意改變或影響他。

既不是一味地肯定，也不是直接地否定；

既不是刻意讚美，也不是嚴厲斥責；

既不說「沒事的，一定會有辦法」來給予安慰，也不說「是啊，我完全能理解」來表達過度的認同。

而是保持一點距離，將對方的感受「單純地接納」。

不帶善惡的評價，也不加良劣的判斷。

就是**「單純地接納」。**

這就是現代諮商學之父卡爾．羅傑斯所主張的「接納」。

這種態度是進行「關懷他人的傾聽」時最核心的要素。

專業諮商師技巧2 透過過程評估，採取符合「對方需求」的傾聽方式來進行對話

「接納」指的是全然接納對方的情緒，並保持一定距離守護對方的姿態——這在心理關懷中是最重要的。

然而，如果一直只是回應「是啊，那真的很辛苦呢」或「原來你有這樣的感受啊」，以一

種帶距離的、如旁觀者般的態度去應對，對方可能會感到不夠滿足。

對方會渴望「能夠更貼近自己一些」。

許多諮商課程與傾聽課程，其實主要教授「針對對方進行心理關懷的傾聽技巧」。換句話說，這些課程著重於教導如何在諮商的「首次面談」中傾聽，例如透過說「原來你有這樣的感受啊」來保持與對方的「適當距離」，同時以溫暖的態度陪伴對方。有些人學習了這種方法後，便以此進行了數十次的實際諮商。

然而，這樣的方式往往會讓許多前來諮商的人無法感到滿意，他們可能會說：「去那裡只是被傾聽而已，感覺不到有實質幫助」，接著停止諮商。

這是因為，對方認為諮商師雖然溫暖地傾聽，但只是像局外人一樣保持距離，當作別人的事情來聽。

那麼，應該如何改進呢？是否該給出建議，例如：「你應該試試做這個或那個？」答案是否定的。關鍵在於**「提升傾聽的深度」**。

在實際的諮商過程中，**從第3次面談開始，傾聽的方式需要更加「深入」**，這正是專業諮商師展現其專業的地方。

那麼，從第3次面談以後，該如何傾聽呢？

重要的是，根據對方的需求調整傾聽方式。

諮商過程中，**了解對方接下來想要前進的方向至關重要**。這個過程稱為**「過程評估（Process Assessment）」**。

諮詢者的方向通常可以大致分為3種類型：

A　依附需求導向（減少孤獨導向）

B　目標導向

C　自我探索、轉變導向

專業諮商師技巧3

傾聽過程中不讓對方感到孤單

A類型依附需求導向的諮詢者前來諮商，並非為了透過被諮商師理解來實現某種未來目標。

對這些諮詢者而言，**「被諮商師理解」以及「真切地感受到有一個人真的理解自己」，就是諮商的目的**。

這是因為，他們過去人生經歷了太多孤獨，一直感覺沒有人真正理解自己。

他們可能會這麼形容自己的生活：

「我的人生就是這樣——在一條大雨滂沱的道路上，孤零零地走著，只有一把小小的傘可以遮蔽自己。」

對於這些以「孤獨感本身」為主題的諮詢者而言，如果諮商師始終保持距離，只是以

「原來你有這樣的感受啊」的方式來傾聽，諮詢者可能會覺得自己在諮商過程中被冷落，感覺更加受傷。

即使去諮商了，還是孤單一人的感受，可能會加深他們內心的傷痛。

如果諮商的過程僅停留在「原來你有這樣的感受啊」這類隔岸觀火式的回應，而未能真正貼近他們的內心，諮詢者可能會感到自己依然被孤立，未能被真正接納，最終只能在孤獨中徘徊，感受被遺棄的痛苦。

要減輕這類諮詢者的孤獨感，就必須更進一步，主動靠近他們：

「聽著你的敘述……你能看到我的手正在顫抖嗎？我開始感受到一種憤怒，連身體都不由自主地在顫抖。」

「聽著你的話……我的內心也湧起深深的悲傷。你能看到我正在流淚嗎？」

透過這種方式，「在傾聽對方敘述的過程中，表達自己內心產生的感受」，能大幅拉近雙方的距離。對於那些深陷「沒有人能夠理解我」這種強烈孤獨感的諮詢者，這樣的傾聽方式是必要的。

這需要諮商師與諮詢者達成一種融合，與對方共同經歷各種情感，甚至感同身受。透過與諮商師這樣的互動體驗，諮詢者逐漸培養出「我並不是孤單一人」的感覺，這正是一種救贖。

在消除孤獨感方面，**AEDP（加速體驗動力療法）**是一種有效方法。這種結合依附與情緒焦點的最新綜合性心理療法，擁有多樣技術和方法，適合處理孤獨感與情感議題。

專業諮商師技巧4

成為解決人生問題的「教練」、「導演」

有些諮詢者在諮商中對自己的目標相當明確，他們希望透過諮商解決特定問題，這類人可以歸類為**B目標導向型的諮詢者**。

例如，有人說：「我想專注完成一項重要工作，但總是無法著手進行，常常被各種瑣事分心，最後就花時間看影片或滑社群媒體，完全無法集中。我來是想知道該怎麼改善這種狀況。」

針對這樣的諮詢者，**認知行為療法（CBT）**是非常適合的方法。認知行為療法的核心理念是，透過調整容易改變的「想法」與「行為」，逐步解決問題。

在這種情況下，諮商師會與諮詢者共同制定策略，探索如何幫助他擺脫「被瑣事分心」的困境，並專注於重要任務。

例如，諮商師可能會布置「家庭作業」，要求諮詢者在家中記錄自己完成工作的情況，並練習忽略分散注意力的念頭，將精力集中在主要目標上。

此外，諮商過程中也會練習「分配注意力的技巧」，幫助諮詢者學會在面對干擾時，不被情緒牽動，而是能保有冷靜，回歸到應該完成的工作。

每週會根據諮詢者的記錄，與諮商師一起檢討並制定下一步行動計畫。

在這樣的模式中，**諮商師的角色就像一位教練，協助諮詢者學習如何調整自己的行為、思維模式與注意力分配方式**，逐步實現目標。

另一方面，若諮詢者的問題涉及家庭關係，尤其是因「惡性循環的溝通」引發的困擾，針對這類問題，解決導向短期療法可能更具成效。這種方法並非從「問題」或「原因」出發，而是直接聚焦於「解決方案」。

例如一位女性表示：「我跟丈夫聊天時，明明不想爭吵，但卻總是忍不住相互指責。」

當這位女性開始抱怨丈夫的缺點時，諮商師可能會先傾聽她的感受，但接著轉向提問：「最近有沒有一次例外，您和先生的對話是愉快的？」

持續關注於丈夫的缺點，並不能幫助解決事情本身。這樣的問題讓諮詢者將注意力**從「問題」轉移到「成功經驗」，並幫助她描繪出「解決方案」的具體情境，試圖打破溝通的惡性循環**。這時，諮商師的角色更**像是導演，協助諮詢者重新調整與家人間的互動模式**。

在這類諮商中，諮詢者通常對「想要達成的目標」相當清楚，因此諮商師需要針對相關資訊進行具體且深入的傾聽。

若是諮詢者提到「分心使我無法專注工作」，諮商師則需確認這種狀況發生的前後細節，找出觸發因素，進而協助諮詢者制定有效的行動計畫。

專業諮商師技巧5
成為「人生」這場未知旅程中的「同行者」

有些諮詢者在進行諮商時，帶著關於人生本質的深層困惑，我們可以將其歸類為**C類型的自我探究型諮詢者**。

這類人可能會有如下的煩惱：

「我覺得我的人生還不錯。工作還算順利，也成功升職，存了一些錢。家庭方面也挺好，結婚生子，孩子也長大了，前不久還見到了我的第一個孫子。從外表來看，一切都很順遂，但我總覺得我的人生好像缺少了些『什麼』，似乎少了某個重要的東西……」

在我接觸過的諮詢者中，**有相當多人帶著存在性的煩惱，這是一個關乎人生根本的問題**。他們覺得，自己的人生表面看似不錯，但內心卻缺少了某個至關重要的核心。他們深感空虛和不滿足，無法徹底釋懷。如果這樣下去，他們將無法坦然面對人生的終局，也無法心滿意足地走到人生的終點。

這類問題屬於「沒有明確答案的問題」。

諮詢者和諮商師在諮商過程中可能都無法明確指出目標究竟是什麼，這更像是一場沒有明確目的地的自我探究旅程。

針對這類議題的心理學，包括人本心理學、存在心理學，以及超個人心理學等。

以諮詢者為中心療法的創始人卡爾・羅傑斯為例，他在其著作《Carl Rogers: The Quiet Revolutionary》中寫道：

「我認為，治療師的角色是作為諮詢者探索自己內在深層體驗的同行者。有了同行者的陪伴，諮詢者會更容易面對那些過去被自己否定或回避的問題。一位諮詢者曾告訴我：『我覺得自己正朝著黑暗前行，但只要有人陪伴在旁，比起孤身一人，我會感到輕鬆許多。』

「優秀的諮商師能夠與諮詢者緊密地在一起。有時稍微領先一點，有時稍微落後一點，但不會過於超前或落後。因此，諮詢者會感受到『諮商師真的是在陪伴我。理解我現在的狀態，體會我此刻的恐懼，感受我在這一刻的覺察。』

「這樣的方式可以說是非常安全的。諮商師的角色在於提供一種有安全感、能理解並陪伴諮詢者的真誠關係。諮商師不會敷衍應付，而是會與諮詢者一同經歷整個體驗。」

對於尚未明確人生方向或目標，特別是處於中高齡階段的自我探尋者而言，這是至關重要的課題。在這段充滿不確定性的探索旅程中，諮商師扮演「同行者」的關鍵角色。

作為「同行者」，諮商師會傾聽諮詢者內心的旅程。這時，真正的傾聽就會被實踐。

專業諮商師技巧6

深度的傾聽精髓——成為「說話者」

這裡是專業諮商師的真正精髓所在，也是他們與業餘人士最大差別的地方。

在初次面談或第2次面談中，諮商的方式與前述的「一般性、陪伴型傾聽」並沒有太大的不同。像是「稍微保持距離的陪伴傾聽」，或者用「原來您有這樣的感受啊」的方式接納對方，這樣就已經足夠了。

然而，當話題涉及「未來自己要如何生活」、「人生後半段應該要完成什麼」、「自己還有哪些未盡之事」，以及「為了在人生結束時不感到後悔，應該怎麼活下去」這些深入的自我探尋旅程時，僅僅是「陪伴型傾聽」就顯得不足，甚至無法滿足需求。

此時，諮商師需要採取更深層的傾聽方式，與諮詢者更加融為一體，深入其內心世界，陪伴他們進行深刻的內在探索。

具體來說，大約從第3次面談開始，傾聽的方式會與初次面談產生明顯的不同。

在一般性的傾聽中，諮商師保持一定的距離，從「稍微拉遠」的距離傾聽諮詢者的內心。然而，按照羅傑斯學派的深層「真正傾聽」方式，諮商師會「更深入」諮詢者的內在世界，**設身處地融入他們，與其內在的經驗共感，一起漂流於那片情感的海洋，真正達到「共體驗」**的境界。

從崩潰邊緣到邁出一步

儘管如此，即便是羅傑斯學派的諮商方式，也並非從一開始就深入諮詢者的內在。在初次面談中，諮商師通常會從稍微拉遠的距離入手，陪伴並傾聽諮詢者的情感。

例如，有一位女性在精神上被逼到了極限。在第1次面談中，她努力想讓諮商師理解自己內心的痛苦，目光緊緊盯著諮商師，拼命地敘述自己的經歷和感受。

女性：「我真的感覺自己已經到了精神的極限。這段時間發生了太多事情，讓我覺得自己再也撐不下去了。明明意識到早已亮起紅燈，也清楚知道情況危險，但卻像被某種無形的力量牽引一般，朝著馬路對面走去，差點被車撞上……」

第1次面談時，諮商師會稍微拉遠距離，試著用陪伴方式，來理解諮詢者的內心世界。

諮商師：「直到現在，妳一直在極限的邊緣艱難地撐著啊。面對那麼多痛苦和困難的局面，妳都努力熬過來了……妳的人生真的很辛苦啊。」

然而，到了第4次面談時，諮商師已經能更深入諮詢者的內心世界。此時，諮詢者感覺自己的內在感受已被諮商師充分理解，不再需要注視對方說話。她超越了此前的階段，將更多注意力放在內心深處的探索上。

她的視線時而凝視虛空，時而茫然地望向遠方，彷彿在與內心的另一個自己對話。某種程度上，她的談話更像是喃喃自語。

女性：「我現在真的已經到了極限。真的……真的已經到了盡頭……就像走在一條細細的繩索上。一旦掉下去，一切就都結束了……我的人生也會隨之終結……」

諮商師像是完全融入諮詢者的心境般，低沉地、緩緩地用幾近呢喃的聲音回應：

「真的到了極限……一旦掉下去，一切就結束了。所以不去看下面……真的就在極限邊緣……所以只能謹慎地確認每一步的落腳點，這樣活下去……一點一點地、十分謹慎地確認著。」

諮商師隱藏自身的存在感，彷彿成為了諮詢者內心體驗的一部分，徹底融入諮詢者般，將她的內心感受以語言具體化，成為她內心探索旅程的真正「同行者」。

當諮商師以這種深度進入諮詢者內心世界的態度傾聽時，諮詢者也能更深入地接觸自己的內心體驗。她能更加沉浸在自己的感受中，完整地經歷和體驗這一切。當她在內心深處充分地面對並體驗過自己的感受後，心中的停滯便會被打破，開始邁出新的步伐。

專業諮商師技巧總結　「深度且真正傾聽」的重點

在我的諮商過程中，會採取以下幾項工夫——

①暫時完全消除自我

我將自己的心靈清空，讓自己嘗試完全成為諮詢者。

②進入對方的內在世界

將自己徹底沉浸於對方的內心世界中。想像自己完全融化，徹底進入對方的內在世界。

成為對方的存在，用羅傑斯的話來說，就是「短暫地活在對方的人生裡」。

③徹底「成為對方」

完全「成為對方」，彷彿自己也在共同過著那段人生的感覺（共同體驗）。這不是從外部觀察對方，而是實際「成為對方」，與他們一起感受和體驗。

④從對方的視角看待世界

作為對方，去感受他們眼中的世界與人生。從對方的視角出發，成為他們，並以他們的方式觀看世界。在這個過程中，我不會刻意思考「該如何回應對方」之類的問題，而是全然放鬆，輕鬆地沉浸於對方的內在世界，隨之漂浮，細細品味這種內在體驗。這種感覺有點像進入一部電影的世界，不僅是觀看，更是在其中親身體驗，自由自在地探索那片天地。

⑤在「徹底成為對方的意識狀態」下傾聽，並將其內在世界的精髓回傳給對方

「是〇〇對吧？」這樣的回覆並非只是簡單地「總結」或「確認」對方的話，而是將對方內在世界的精髓，彷彿它正在此刻發生一樣，生動地呈現出來。

（例）：**「如果從這裡掉下去，就真的完了。為了不掉下去，每一天都要確認腳下的步伐，一步、一步、小心地走著……」**

⑥傾訴者的微調修正，能引導傾聽者

當諮商師的回應傳達給對方時，諮詢者會重新感受並正視當下的狀態。在這個過程中，諮詢者會確認諮商師的回應是否與自己的內在經驗契合，並進一步微調修正。如此，傾聽者與傾訴者能共同朝著更準確、更貼切的方向前行。

傾聽者：「你感到非常寂寞吧？」

傾訴者：「嗯……寂寞……雖然有寂寞的感覺，但……『悲傷』可能更貼切一點吧。」

傾聽者：「悲傷……悲傷……悲傷的感覺。」

傾訴者：「對，沒錯，就是悲傷……真的很悲傷……」

透過讓傾訴者驗證傾聽者的回應是否契合，可以使他們分享同一種情緒，共同向前。

⑦幫助傾訴者停留在重要的部分，而不是讓話語就這麼被帶過

當傾訴者即將觸及某些重要的內在議題，但卻想繼續往下說時，幫助他們停留在「重要的地方」，避免輕易跳過，顯得格外重要。可以透過減緩對話的速度，給傾訴者更多空間，將注意力回到內心深處。

一個有效的方式是，當到達關鍵處時，低聲、緩慢地重複關鍵詞，讓對方聚焦。

傾訴者：「就是……感覺無法前進……然後就……」

傾聽者：「就是……無法前進……無法前進……（低聲且緩慢地重複）。**雖然想前進，但也有一種不想再走下去的感覺……想前進……卻無法前進……想前進……卻無法**

前進……」

（傾訴者會將傾聽者的回應內化，確認它是否真正契合自己的感受。）

透過這種方式，幫助傾訴者停留在內心重要的部分，這種緩慢深入的傾聽方式被稱為「聚焦式傾聽」。

大多數諮詢者在觸及內心重要的部分後，會迅速跳過，繼續向前講述。然而，那些正是諮詢者變化的「關鍵點」。

優秀的諮商師會設法讓話語不被輕易帶過，幫助諮詢者停留在這些關鍵處（內在深層的邊緣）。

⑧使用言語以外的動作來呈現對方的內在世界

在閱讀羅傑斯的諮詢逐字記錄（音檔轉寫成文字的內容）時，我們可以發現，他幾乎從未單純重複諮詢者的話語。

那麼他到底在做什麼呢？他能**在諮詢者的話語尚未形成之前，抓住其核心本質，並以簡短而有力的詞語立即呈現出來**，就像一面能反映諮詢者內心精髓的「鏡子」。而能做到這點，是因為羅傑斯是諮詢領域的「大師」。

那麼，作為普通人的我們，如何才能達到像羅傑斯那樣的效果和影響力？經過長期研究，我發展出了一種具體的技巧——不僅用言語，還要用全身進入諮詢者的角色，並反映其內心精髓的核心。

具體而言，我們可以將諮詢者內心的每個部分當作「角色」（Ｒｏｌｅ）來扮演，將它們生動地呈現出來。例如，當諮詢者說：「我覺得……好像無法往前進……」時，傾聽者可以這樣回應——

傾聽者：「嗯……好像無法前進。無法前進……內心有一種想前進的渴望，但同時也有另一種感覺，讓自己想停下來，不再前進……這兩種感受同時存在於你心中，對嗎？」

在確認這點後，傾聽者可以模擬諮詢者內心的兩種情感，進行一人分飾兩角的演繹——

傾聽者：「我想前進！我要向前走！我一定能做到，絕對不會放棄！」（停頓片刻）「不可能的……別再試了吧，這樣只會自討苦吃……外面的世界太殘酷了。」

如此代言傾訴者內心的「兩種情感」，並分別演繹它們的「角色」。接著，諮商師可以詢問傾訴者：「看著這場景，你有什麼感覺？」鼓勵他們表達自己此刻浮現的想法或情緒。

這一技法是我在羅傑斯的諮詢精髓基礎上，結合多種方法所發展出的技術之一，稱為EAMA（體驗——覺察——意義生成取向）。它是一種將諮詢者內心深處的感受具體化，幫助他們深入理解自身經驗的關鍵技巧之一。

⑨在傾聽同時，向對方分享「突然浮現的一句話」或「影像」

在諮詢過程中，諮商師全身心投入到諮詢者的內在世界，並以「完全成為對方」的狀態進行傾聽。在這樣的互動中，兩人之間會逐漸孕育出一種「合而為一」的感覺，就像在內在的旅程中成為同伴，共同探索諮詢者的內在世界。

當諮商師完全融入諮詢者的內在狀態時，偶爾會浮現某些影像或直覺。這些不僅僅來自諮商師自身，而是從兩人之間的深層連結中產生的真實感受。若這些浮現的影像具有一定的真實性和意義，將其傳達給諮詢者，有時能帶來深刻的啟發。

在實際的諮詢中，以下情況可能會發生——

諮商師專注傾聽諮詢者的敘述，逐漸被其內心世界的深度吸引並沉浸其中。隨著在這個世界中停留一段時間，某個相同影像可能反覆浮現。此時，諮商師可以這樣說：

「聽您說話時，我的腦海中不斷浮現一個畫面……在一片漆黑的黑暗中，一個人獨自前行。忽然，一隻螢火蟲悄然出現。那隻螢火蟲似乎不想被任何人察覺，極其安靜地劃過夜空，短暫地照亮了周圍。那光芒雖然只維持了片刻，但彷彿完成了某種使命般，螢火蟲又靜靜地消失在黑暗中，未留下任何痕跡……這樣的影像反覆在我腦中浮現。」

在這樣的交流過程中，當諮商師全心全意地傾聽諮詢者時，他能逐漸捕捉談話的核心，甚至超越言語的表層，深入觸及諮詢者內在的本質。此時，諮商師可以嘗試將浮現的感受或想法，以如同「喃喃自語」般的方式自然地表達出來，並與諮詢者分享。傳遞的並不僅僅是腦海中浮現的內容，而是以一種方式將其「具體化」，讓它彷彿就在此時此刻真實地呈現在眼前。以這樣的方式傳遞出的話語、影像、動作或聲音，會深深地觸動諮詢者的內心。

在這種互動中，所發生的是**「只有這位諮商師和這位諮詢者之間才能達成的，深層心靈共鳴」**。這種共鳴並非單純的「情感回應」或「語意回饋」，而是一種針對「諮詢者存在的本質」或「諮詢者生命形態」的回應。

這樣的回應往往讓諮詢者產生一種感受：「啊，這個人真正理解了我的存在本質，理解了我生命形態的核心。」他可能會因此感慨：「幾乎沒有其他人能在這個層次上理解我，我要繼續來找這位諮商師。」

這種傾聽，不僅僅是對談話內容的反應，而是透過對話觸及諮詢者內心世界的本質，對其存在、生命以及其展現方式的深刻理解。諮詢者會感受到被理解與共鳴，這種共鳴甚至可能讓他們覺得「這位諮商師比我自己還更能看清我所經歷的本質。」

就在這一刻，諮詢者內心深處那些長期封閉的部分，開始慢慢地敞開。

「深層而真實的傾聽」就是如此——在傾聽者與敘述者之間，彼此在內心深處互相激盪回響，並慢慢攜手前行。正如羅傑斯所說，這是一個需要「雙方共同努力構建」的過程。它並非完全依賴於傾聽者的完美技巧。

即使傾聽者擁有很深的共感能力，若傾訴者只願意停留於表面淺層的話題，這樣的互動過程可能會顯得無趣甚至枯燥。

因此，對於「傾訴的一方」及「期望被理解的一方」而言，也有必要的要求和期待。

①傾訴者需要認真地訴說，並注視自己的內在世界。

②對於傾聽者的回應，傾訴者應反思，確認其是否恰到好處。

如果感覺有所偏差，或者覺得「這與我的感受不完全相符」，可以進行細微的調整，例如說：「更準確地說，是○○的感覺。」即使出現了些許偏差，也不要隨意敷衍了事，例如：「嗯，差不多吧。」這樣草率地繼續下去，將難以讓雙方共同建立深入傾聽的連結與過程。

為了真正被理解，傾訴者也需要主動引導傾聽的進程。

③根據傾訴者的回饋，傾聽者也需要調整自己的用詞，以便雙方能一起找到更加準確的表達。

④傾訴者對傾聽者是否能達成「準確理解」負有共同的責任。

傾聽與傾訴雙方都必須遵循此原則，共同追求「對，就是這樣！」（他懂我了！）的共鳴狀態。

在「以自我探索為導向的傾聽」中，傾訴者與傾聽者達到「合而為一」的境界，共同深入探討生命的本質與意義。

當雙方融為一體，共同深刻體驗諮詢者的內在感受時，諮詢者得以重新完整地經歷並理解自己的體驗。當這種體驗徹底完成，諮詢者的生活便能從停滯的狀態向前邁進一步。美國哲學家及臨床心理學家尤金・詹德林（Eugene Gendlin，一九二六～二〇一七）將這一過程稱為「前進性展開」。

專欄6

諮商師是「心靈的伴侶」

社會對於諮商的印象，似乎仍然停留在「只有不正常的人」或「心理生病的人」才會接受諮商。

但事實並非如此。

我認為，在未來，應該迎來一個「人人都能輕鬆接受諮商」的時代。

這是因為，愈來愈多的人正面臨著**「獨處時間大幅增加」**的情況，且**「填補孤獨感變得異常困難」**。

單身、長壽的時代：填補孤獨的挑戰

如果有人能夠擁有最理想的伴侶，兩人可以毫不顧忌地交流彼此「日常的感受」、「痛苦

的經歷」以及「孤獨的情緒」，那麼或許就不需要花錢請諮商師傾聽了。

然而，這樣能夠心靈相通的伴侶，在當今時代恐怕已經成了少數。

我們都知道，終生未婚或因離婚而恢復單身的人愈來愈多。據說，不久的將來，將會有半數的男性終其一生保持單身。

再加上，人類的壽命不斷延長，即使結了婚，配偶過世後獨自生活的時間也大幅增加。

即使擁有配偶，也未必能夠好好交流；或許能談些輕鬆的話題，但很可能無法深入討論人生，或者傾聽彼此的內心。

在生活中，我們常會湧現各種情緒——「日常的感受」、「痛苦的經歷」、「孤單的感覺」。能有一位無須顧忌、可以暢所欲言的伴侶，事實上是很難得的。

即使身邊有這樣的伴侶，並不代表就可以無所保留地訴說內心的祕密。因為**愈是重要的伴侶，愈怕破壞彼此的關係，或者擔心給對方帶來困擾**，反而會讓自己選擇沉默。

可是，壓抑著不說又很痛苦，於是渴望能找到一個可以信任的人，向他訴說那些無法對任何人說的話。

在這種情況下，一位值得信賴的諮商師，便能成為那個傾訴的對象，讓你說出「只能對那個人說的話」。

「專屬諮商師」的重要性

每個人都難免感到孤獨。我們在人生的黑暗中獨自行走，有時甚至不知道自己的方向在哪裡。正如向羅傑斯諮商的諮詢者曾說過：「如果有人在身邊，陪伴著我一起走，心情會輕鬆很多。」

諮商師便是這樣的存在——他們是「人生的同行者」與「生命的旅伴」，是花錢建立關係的「心靈伴侶」。

有時，生活中的實際伴侶能夠同時擔任這樣的角色，但有時則未必如此。

諮商師正是這樣一位「心靈的伴侶」。就像我們有固定的髮型師或按摩師，如今或許我們也可以擁有一位「固定的諮商師」。

在需要時，或是定期地，與這位諮商師談談人生的種種。

可以說，我們正進入一個時代——人人都能擁有這樣一位「心靈伴侶」，為自己的內心世界提供支撐與陪伴。

最終章

更進一步理解傾聽

傾聽的目的為何？

到目前為止，我們談到了「傾聽的技巧」、「傾訴的技巧」，以及「深度的真正傾聽」。相信各位對於如何建立「傾聽與傾訴」「理解與被理解」的關係，已經有了相當的基礎。

那麼，這樣「向對方傾訴」究竟有什麼意義呢？

「傾訴與傾聽」最終又將通向何方呢？

傾聽的目的為何？答案是：協助進行「與自我的對話」。

透過傾聽，幫助人們與自己的內心對話，進一步深化內心，並豐富自己的人生。藉此，能夠活出更加深刻且令人心悅誠服的人生。這便是傾聽的真正目的。

現代諮商學的奠基人卡爾・羅傑斯曾對於傾聽如此闡述

當諮詢者在治療性關係中持續一段時間後，他們的變化往往會反映出諮商師的態度與手法。首先，當諮詢者察覺到諮商師正以接納且專注的態度傾聽自己的情感時，他們便會逐漸學會傾聽內在的聲音。〈中略〉

當一個人學會傾聽自己時，他將變得更能接納真實的自己。隨著，諮詢者開始表達那些長久以來隱藏的、令自己感到恐懼的部分，他會發現諮商師始終如一地對自己及其情感抱持著無條件的積極關懷。在這份覺察與支持之下，諮詢者也會逐漸對自己抱持相同的態度，學會接納自己的全部面貌。

換言之，諮詢者開始接受真實的自己，並在成長與轉變的過程中持續邁步向前。

（摘自諸富祥彥、末武康弘、保坂亨譯《ロジャーズが語る自己実現の道（羅傑斯談自我實現之道：羅傑斯主要著作集3，暫譯）》，第四章〈心理療法中所學到的知識〉，岩崎學術出版社，二〇〇五年，62頁）

如何呢？這段內容相當清晰地闡述了傾聽的意義吧。

「當諮詢者在治療性關係中持續一段時間後，他們的變化往往會反映出諮商師的態度與手法。首先，當諮詢者察覺到諮商師正以接納且專注的態度傾聽自己的情感時，他們便會逐漸學會傾聽內在的聲音。」

這正是傾聽的意義所在。

當諮詢者在治療過程中感受到自己的情感被諮商師接納並傾聽時，他們便會開始模仿這種方式，對自己的內心施以同樣的傾聽與接納。逐漸學會「傾聽自己的情感」，並在過程中自然習得「傾聽自己」的方法。這種內在轉變，將引發他們對生活態度、自我關係及生命姿態的深刻改變，讓他們邁向「成為真正的自己」的旅程。

簡而言之，**被傾聽的經驗會使人學會「傾聽內心的聲音」**。

每個人在生命中，都持續與「自己」進行對話。

例如，從「今天穿什麼衣服？」「今晚的晚餐該吃什麼？」這類日常的小事，到「未來該選擇哪條職涯道路？」「是否該步入婚姻？」或「接下來的10年該如何度過？」這些關鍵的人生抉擇，我們無時無刻都在向自己發問，並與內心的「另一個自己」進行對話。

有時，我們會清晰地傾聽內心的聲音；有時，選擇安撫自己；有時，拉開距離；有時，靜靜地陪伴自己。我們以不同的方式，持續與自己對話、相處。死亡，或許就是與這個「內在的自己」告別，與這段自我對話關係消失的時刻。

所謂的「自我深化」，正是「與自己關係的深化」，也就是「自我對話」的逐漸加深。

而這種「自我對話」的深度，決定了人生的深度。傾聽，便是支撐這份「自我對話」深化的重要過程與實踐。

無論在工作上還是研究中，「深入且專注的傾聽」都是關鍵

在培養員工能力，特別是「商品開發」或「新業務企劃」的過程中，深入且專注的傾聽至關重要。我甚至認為，可以有效提供支持的方式別無他法。

所謂深入且專注的傾聽，也就是「深度傾聽」（Deep Listening），能夠引導人們進入更具前瞻性的思考層次。這是因為，在創造性思考的過程中，必須觸及「深層且隱性的（Implicit）思考次元」，而這正是「深入且專注的傾聽」所能夠實現的關鍵。

人們在獨自思考時，很難從表面的、觀念性的思考層次轉向更深層的思維，結果往往停留在淺層思考的框架內不斷打轉，甚至容易受到「社會現存的思維模式」所束縛，無法突破限制。

無論是「全新的商品開發」、「業務企劃」，甚至是大學裡的學術研究或論文寫作，皆是如此。

在這些工作中，人們需要的是嶄新的創意。這些創意不僅要新穎，更要能夠造福人群，帶來「原來還有這種可能性！」的驚喜，甚至讓人不由自主地讚嘆。

然而，要達到這樣的境界，並非易事。

有時，我們花費數小時，甚至數千小時，與內在知識或所謂的「隱性智慧」對峙，不斷思考、掙扎，反覆發出「嗯——嗯——」的低吟。這是一項無比孤獨的單調作業。

因此，能深度傾聽自己的人便顯得尤為重要。**真正具創造性的工作，必然需要一位能夠深刻傾聽的同行者**。

當人們長時間、甚至數千小時都沉浸在「嗯——嗯——」的思索過程中時，很容易陷入原地打轉的停滯狀態。當一個人獨自思考時，即便自認是在思索新的解法，卻不知不覺間又被既有的思維模式所困住，進入無盡的重複迴圈。

這樣一來，就無法產生真正嶄新的點子，開發出的只會是「似曾相識的商品」或「哪裡聽過的想法」。那些能讓顧客驚呼「這和以前的不一樣！」有震撼力的商品或企劃點子，並無法就此誕生。

只有當人受到他人深入的傾聽時，才有可能觸及到「內心深處」與「無法用言語表達的隱性層面」。當人能夠停留在自己「內心深處」，找到一個心靈的立足點時，才會開始真正地進行思考。

卡爾・羅傑斯將其稱之為**「內在感受」**，而美國哲學家暨臨床心理學家尤金・詹德林則將其稱為**「內隱哲學」（The Implicit）**。在這個**「內在深處」**，人們才能開始真正地進行深刻的思考，進而產生全新的創意與見解。

透過深度傾聽，讓平凡之人化身「天才」！

這是一項難以單獨完成的挑戰，但如果有具備深度傾聽能力的人提供協助，便能支持我們「停留在內心深處，持續深入思考」。透過深度傾聽，這項艱鉅的任務變得可行，並讓新的創意得以誕生。

在這樣的關係中，當有人深刻地理解並傾聽我們，即使沒有特殊的才能，也能觸及內心深處的「隱性智慧源泉」，以此為基礎進行思考。這樣的過程自然而然地促使我們湧出創造性與創新的思維，進而浮現獨特的企劃或產品開發點子。

換句話說，**有人能深度傾聽並真正理解我們時，即使是平凡之人也能「變成天才」**。

尤金・詹德林將這種思考方式稱為TAE（Thinking At the Edge，邊緣思考）。當我們身邊有一位能夠深度傾聽、用心理解我們內心聲音的陪伴者時，我們得以深入內心深處，探索那些尚未具體化為語言的隱含領域，從而以截然不同且更具創造性的方式進行思考。

「深度傾聽」不僅幫助個人進行獨特的思考，也能成為先進企業推動高階人才培育、能力開發以及研究者培訓的重要方法。

「在隱含領域的思考」或「在思維的邊緣進行思考」，也就是「儘管尚未形成清晰的語言，但能感知其中潛藏著重要的創意」，這種停留於「隱含思維邊緣」的能力，對於創新至關重要。

這不僅限於一對一的對話，也適用於多人團隊，例如由五人組成的產品開發或企劃團隊。如果其中的四人能對其中一人進行「深度傾聽」，那麼這名成員將感受到來自其他四人的理解與陪伴，並認知到他們「正與自己一同停留在同一個深層領域思考」。當這樣的深度共鳴在團隊中形成，並進一步融入討論的氛圍時，將催生出最具創意的團隊。

在這過程中，至關重要的是產品開發或企劃團隊能透過「相互深度傾聽」，彼此建立「真正被理解」、「共同停留在同一思考領域」的感覺。這樣的內部關係，正是激發卓越創意與獨創性的基石。

專欄7 如何傾聽自己內心的聲音

若想調整自身心理狀態，「獨處」與「在獨處中與自己的心靈對話」非常重要。

事實上，當我們經歷困難時，往往需要一些「獨處的時間」。這樣的時間讓我們能與內心對話，從而調整心情，重新找回平衡。

讓我舉一個例子。有一位女士失去了她最摯愛的丈夫。她一直認為雙方是彼此深愛的伴侶，但不幸的是，她的丈夫非因病離世，而是選擇了結束自己的生命。

這樣的打擊讓她陷入了深深的悲痛之中。由於她是個受人敬愛的人，許多朋友紛紛來探望，想給予支持與安慰。他們也可能擔心她會因為無法承受悲傷而做出極端的選擇。

然而，這位女士其實非常渴望獨處。只有在獨處時，她才能盡情哭泣，而不必在人前勉強微笑，壓抑自己的情緒。她渴望一段可以沉浸在內心感受的時間。

獨處時間對於調整心靈至關重要，它能幫助我們重新整理情緒與思緒。

因此，我建議大家定期安排「獨處的時間」。

每日5分鐘，每週1小時的獨處時間

那麼，獨處的頻率應該如何安排呢？

我的建議是：**「至少每天5分鐘，每週1小時」，讓自己有時間獨處並與內心對話**。

每天5分鐘，例如在睡前與自己進行心靈對話，或者一早醒來時與自己的內心交流。時間的選擇可以根據個人喜好來決定，例如夜貓子可以選擇晚上，早起的人則可以在清晨，或者選擇一天中最方便的時段。每天花5分鐘回顧自己當下的狀態，並養成這樣的習慣，對心靈的平衡與健康將有很大的幫助。

或者，可以每週安排約1小時的時間，例如固定在週六早上9點開始進行，這段時間專門用來與自己的內心對話。

如何度過與自我對話的時間

在這段與自己對話的時間裡，應該專注於審視自己的內心。**簡單地放空，讓思緒自由漂流，只關注自身，排除其他任何干擾。**這段時間應避免外界的刺激。

暫時遠離網路、電視、遊戲，甚至閱讀。

雖然閱讀通常被認為是自我反思的一種形式，但事實上有時並非如此。許多熱愛閱讀的人可能因為沉浸在書本的吸引力中，反而忽略了真正審視自己的內心。這些人可能因為閱讀而增長知識與見聞，但卻未必能因此豐富自己的心靈。

因此，我強烈推薦每週抽出1小時的時間，停止閱讀、放下手機，遠離外界刺激，專注於審視內在世界，將其作為一種定期的習慣。

為什麼需要「定期」安排這樣的時間？

人類是一種容易選擇安逸的生物，容易分散注意力。法國哲學家布萊茲・帕斯卡曾說：**「人類存在的本質在於無聊。」**人類可以說是驅除無聊的天才，這句話深刻揭示了人性的真相。比起直視內心的空虛，人們更傾向於尋求外在刺激，因為這樣更輕鬆。因此，我們常常會打開網路、玩遊戲、閱讀書籍，藉此讓自己分心，遠離內心的真實感受。

然而，遠離這些外在刺激，選擇獨處並將意識轉向內心，是一件相當不容易的事情。如果沒有養成固定的習慣，很容易因為惰性而開始刷手機、看報紙、閱讀書籍，或者沉浸於觀看 YouTube 等活動中，讓自己分心，逃避直面內心的機會。

確保傾聽內心聲音的「空間」

我們談到了獨處並傾聽內心聲音的重要性。

每天花5分鐘傾聽內心的聲音，即使是短短的片刻，也對我們調整內心狀態和理順生活方式具有極其重要的意義。

若想整理自己的心情與生活方式，最重要的事情莫過於擁有一段獨處的時間，靜靜地傾聽內心的聲音。

然而，這看似簡單的事情卻出乎意料地難以實踐。

其中最大的障礙來自智慧型手機，以及透過手機接觸到的各種網路資訊。接收新資訊雖然令人興奮，能激發我們的好奇心，但長時間沉浸於這些資訊的刺激中，反而會讓我們無法聽見自己內心的聲音。

與追逐新資訊相比，傾聽內心的聲音似乎顯得單調無趣。因此，我們往往會在日常的資訊洪流中，忽視了這件至關重要的事。

那麼，我們究竟該如何有效傾聽內心的聲音？

解決之道有2個：首先，是如前述的，**設定明確的時間範圍**。例如，可以規定每週四的傍晚6點到7點，在某間咖啡廳的固定座位上，靜靜地回顧最近的生活狀態。

第2個方式，是**選定特定的地點**。

即便訂好了時間，如果這段時間內仍然拿起手機滑社群媒體，一切努力也將付諸流水。因此，選擇一個合適的地點，能夠有效幫助我們遠離干擾。

咖啡廳是個很好的選擇。可以固定選擇某連鎖咖啡店某間分店的某個座位。例如，我會規定自己：「如果在神樂坂，我就去神樂坂的這間星巴克；如果在御茶水，我就選擇御茶水的那間店的某個座位。」選擇一個讓你感到心情平靜、能專注於內心深處的座位，並建立習慣。

例如，**可以每週花1小時，在那個座位上，單純地放空**。當身體逐漸習慣那個空間與其賦予的作用後，僅僅是坐在那裡，意識就能自然地深入內心，達到平靜的狀態。

找到一個讓你感到放鬆的場所，這不僅是極大的財富，甚至堪比找到一位優秀的諮商師。而這樣的體驗，只需一杯飲品的代價。

試著找到一個「每次到訪都能讓自己心情平靜」、「能重新連結真實自我」的場所，這將為你的人生帶來極大的助益。

酒吧、自然景色或繁忙的街頭，都能成為你的「專屬場所」。

有時，適度地借助一點酒精的力量，也不失為一個好方法。**少量的酒精能幫助我們更自由地發揮聯想力。**

以我為例，我特別喜歡東京巨蛋飯店的頂樓酒吧。在那裡，我可以欣賞美麗的夕陽，遠眺摩天輪和雲霄飛車，或是觀察穿梭於丸之內線、中央線與總武線的列車。這時候，我會思考：「接下來的稿子該寫什麼呢？」或者問自己：「最近的我如何？這樣可以嗎？」這些交通工具和遊樂設施的景象，成為恰到好處的背景噪音，讓我更容易沉浸在自己的內心深處。

相比完全靜謐的地方，有些許背景噪音的環境反而更適合進行內省的作業。

當然，如果附近有河流、湖泊或海洋，那是再好不過的了。到自己喜歡的河岸，靜靜地看著流水，或者凝望大海的波光粼粼，輕微的背景噪音能幫助你更深入內心。

即使是在市中心，例如站在澀谷十字路口旁，靜靜地看著川流不息的人群與車輛，也可以讓你感受到那種閃爍雜訊的微妙節奏，進而陷入沉思。這樣的環境，往往比封閉安靜的房

決定傾聽自己內心聲音的場所

咖啡店、酒吧、河流、湖泊或海洋都可以成為你的「專屬場所」。
可以每週花1小時，選擇一個地方，單純地放空。

間更能激發深層次的思考。

無論是大自然的懷抱、家附近的咖啡廳、酒吧，甚至家中某個安靜的角落，或是一條熟悉的河岸，只要是讓你感覺「一旦來到這裡，就能平靜下來，回歸真實自我」的地方，都可以成為你的心靈庇護所。在這樣的空間中，你可以輕鬆地傾聽內心的聲音，微調自己的心態與生活方向。

每週固定1次，花上1小時來到這裡，設定一段**「什麼都不做的時間」**。養成這個習慣，對於整理內心與調整生活方式，將會產生極大的幫助與意義。

結語

我曾在各種場合教授傾聽的技巧。

在認真學習傾聽的學員中，有許多人曾多次對我說過這句話：

「傾聽改變了我的人生。」

那麼，為什麼傾聽能改變人生呢？

當自己的心聲被別人認真傾聽後，人們開始學會傾聽自己內心的聲音。而當自己的內心被重視時，便會開始運作和轉變。人的內心具有一個很大的特徵，那就是「被傾聽（重視）後，會開始動起來」。這顆被喚醒的心不會再停下，它會促使我們無法再停留於過往的自己。

「如果沒有丈夫的收入就無法生活，所以我只能放棄一切，選擇順從丈夫過日子。但是，現在我再也停不下來了。我想活出自己的生活，想做真正的自己。」

「我一直覺得，像我這樣的人沒什麼價值，只是個平凡無奇的人。因此，我早已放棄認為自己能成就些什麼。但是，現在我再也停不下來了。我想追隨自己真正想做的事情，活出屬於自己的人生。」

「我成功升職、賺取財富、婚姻也很幸福，甚至已經看到了孫子的笑臉。人生應該算不錯了吧。對於沒有特別才能的我來說，這樣的生活已經足夠了。但是，我總覺得少了『什麼』。在這樣的狀態下，我無法坦然面對死亡，甚至無法接受自己的結局。心中總是缺少那個能讓我真正說出這就是我的人生的『某個東西』……」

開始傾聽自己內心聲音的人，他們的人生會發生巨大的改變。

他們的生活，從一種封閉內心、忽視自己深層聲音，轉變為傾聽自己內在聲音，與內心深處的聲音同行。

學習傾聽，能夠改變人生。

「從放棄成為真正自我的人生，轉變為深刻地活出自己的內在世界。」

「邁向深度探索內心世界的生活方式。」

隨著傾聽的文化在社會中扎根，我們內在生活的質量將得到顯著提升，這是毋庸置疑的。

「啊，原來我可以珍視自己的內心聲音……」

「過去我一直以為自己的人生、內心的聲音毫無價值，但其實並非如此……原來我是可以珍視它的……」

這樣的領悟將逐漸蔓延，成為普遍的認知。

這是一場革命。正如卡爾．羅傑斯所說，這是一場「靜靜的革命」。

這場革命的核心，是靜靜地傾聽人內心的聲音，也包括自己內心深處的聲音。

僅僅如此，心靈便開始啟動，無法停止，人生也將隨之發生巨大的變化。我相信，沒有其他任何工具能比這更具革命性的力量。

然而，這不僅止於此。正如我在最終章所提到的，深層的傾聽是突破創意工作或最新研究困境的最有效方法。

傾聽，是改善我們內在生活品質，促進文化創造性發展的最強工具。

在本書中，作為深入研究傾聽領域並可被視為實質性創始者卡爾．羅傑斯的研究者，我以專業心理諮詢師的身份，毫不保留地展示並解釋了**「最高級的傾聽技巧」**和**「深刻且真實的傾聽技術」**。

此外，**傾聽對於修復與重要他人之間的「聯繫」同樣具有幫助**。

在心理諮商過程中，我無數次聽到女性訴說：

「我希望丈夫能更多地傾聽我、理解我。」

本書也是為了回應這樣迫切的心聲所寫成。

「我有件事想跟你聊聊……」

「你什麼時候方便？」

只要能說出以上這兩句話，就能大大提高建立「傾聽關係」的可能性。

傾聽並不是僅靠「傾聽的一方」努力就能有成果的。傾聽是一個需要「傾訴的一方」與「傾聽的一方」互相合作，共同建構的過程。

另外，在本書中，我刻意沒有區分「聽」與「傾聽」。這是因為我不想因為文字上的區分，限制傾聽所蘊含的廣泛力量。

若本書能在各位的生活中廣泛地發揮作用，那將是我的榮幸。

諸富祥彥

關於「覺察與學習心理學研究會」的介紹

本書所介紹的傾聽、諮商等一系列「豐富人生的心理學」，可以透過以下的研究會進一步學習。

這是一個以「自我探索」和「豐富人生」為目標的心理學研究會，無論學歷、職業，任何人都可以參加。參與者中包括許多專業的諮商師、心理學家、教練、生涯顧問、教師，以及從事社福或醫療相關工作的人士。

・一般社団法人気づきと学びの心理学研究会　アウエアネス事務局
〒101－0062　東京都千代田区神田駿河台1－1　明治大学14号館　諸富研究室内
E-mail：awareness@morotomi.net　FAX：03－6893－6701
工作坊資訊：諸富祥彦HP　http://morotomi.net/

●作者簡介
諸富祥彥
◎1963年出生於福岡縣。畢業於筑波大學人類學系，並完成該校研究所博士課程。曾任千葉大學教育學部講師、副教授，現為明治大學文學部教授，擁有教育學博士學位。
◎擁有臨床心理師、公認心理師、心理諮商師督導、高級教育諮商師等多項專業資格。現任日本超個人心理學會會長、日本諮商學會常務理事、日本教育諮商協會理事，並擔任「支持教師會」代表。
◎主辦「覺察與學習心理學研究會」（Awareness）（https://morotomi.net/）。
◎著有《いい教師の条件》（SBクリエイティブ）、《フランクル心理学入門》（角川ソフィア文庫）、《カール・ロジャーズ》（角川選書）、《50代からは3年単位で生きなさい》（KAWADE夢新書），以及《ほんものの傾聴を学ぶ》《カウンセリングとは何か》《カウンセリングの理論（上・下）》《新しいカウンセリングの技法》（誠信書房）等書籍。

聆聽與表達
心靈溝通的雙向之道

出　　版／楓書坊文化出版社
地　　址／新北市板橋區信義路163巷3號10樓
郵政劃撥／19907596　楓書坊文化出版社
網　　址／www.maplebook.com.tw
電　　話／02-2957-6096
傳　　真／02-2957-6435
作　　者／諸富祥彥
翻　　譯／廖玠淩
責任編輯／吳婕妤
內文排版／洪浩剛
港澳經銷／泛華發行代理有限公司
定　　價／400元
初版日期／2025年4月

國家圖書館出版品預行編目資料

聆聽與表達：心靈溝通的雙向之道 / 諸富祥彥作；廖玠淩譯. -- 初版. -- 新北市：楓書坊文化出版社, 2025.04　面；　公分
ISBN 978-626-7548-77-6（平裝）
1. 人際傳播　2. 人際關係 3. 溝通技巧
177.1　　114002217